2級キャリア コンサルティング 技能士 学科試験に サクッと合格する本

キャリコンシーオー
津田 裕子／奥田 裕子

日本法令®

はじめに

2022年に『２級キャリアコンサルティング技能士実技試験（論述・面接）にサクッと合格する本』を日本法令から上梓いたしました。おかげさまで多くの反響をいただいております。

その後、「２級キャリアコンサルティング技能検定の学科試験ってどうなの？」とのご質問を度々いただきます。また、

― 国家資格キャリアコンサルタントと何が違うの？　出題範囲が同じって本当？

― 国家資格キャリアコンサルタントのほうが難しいって本当？

といったご質問もいただくことがあります。

本書は、そのような疑問に回答しています。

２級キャリアコンサルティング技能検定の学科試験について、「国家資格」との出題内容の比較、近年の出題傾向や出題の兆候がある事項を詳しく分析するとともに、サクッと合格するための勉強方法、押さえておきたいポイントについて、弊社の講師（キャリアコンサルティング技能士１級）の協力も得て解説しています。

２級キャリアコンサルティング技能検定の試験勉強は、独学する方がほとんどです。

そこで、まずは本書第２章の【２級学科試験学習チャート】（31ページ）にあるように、ご自身に今どれくらいの知識が身に付いているかをご確認ください。基礎的な知識が身に付いていれば、２級学科試験にもある程度対応できます。

これから２級キャリアコンサルティング技能士を目指している方、学科試験が苦手な方は、ぜひ本書を読んでください。一緒に合格目指して頑張っていきましょう！

令和５年７月

キャリコンシーオー　津田 裕子

目　次

第１章　２級キャリアコンサルティング技能検定とは

第２章　サクッと合格するための勉強法

第3章　サクッと合格するための出題ポイント

第1章

２級キャリアコンサルティング技能検定とは

1 2級キャリアコンサルティング技能検定の概要

(1) キャリアコンサルティング技能検定とは

キャリアコンサルティング技能検定とは、技能検定職種の一つとして2008年に追加された試験で、キャリアコンサルティングの知識と技能を評価する国家検定です。この試験は、学科試験と実技（論述および面接）試験で行われ、両方の試験に合格すると試験等級に応じた「キャリアコンサルティング技能士」の称号が付与されます。試験等級には1級と2級があります。

(2)「2級キャリアコンサルティング技能士」に求められるレベル

2級キャリアコンサルティング技能士として求められているのは、「個人の相談に対して相談者との関係構築のもとに問題・課題などを見立てることができ、1対1の相談支援が的確にできるレベル」です。

現在、キャリアコンサルタントの資格は3つあります。国家資格キャリアコンサルタント、2級キャリアコンサルティング技能士、1級キャリアコンサルティング技能士です（本書では、以下それぞれ、「国家資格」「2級技能士」「1級技能士」ともいう）。

一般的に国家資格は「標準レベル」、2級が「熟練レベル」、1級が「指導レベル」と言われています。では、この「熟練レベル」とはどの程度なのでしょうか。

特定非営利活動法人キャリアコンサルティング協議会（以下、「協議会」ともいう。https://www.career-kentei.org）のウェブサイトでは、「２級キャリアコンサルティング技能士」に求められるレベルとして、「個人の相談に対して相談者との関係構築のもとに問題・課題などを見立てることができ、１対１の相談支援が的確にできるレベルです。」との記載があります。

次の図は、国家資格、２級技能士、１級技能士それぞれについて求められるレベルを整理したものです。各資格と比較する中で、熟練レベルである２級技能士のレベル感をつかんでいただければと思います。

【キャリアコンサルタント関連資格のレベル】

１級キャリアコンサルティング技能士（指導レベル）	１つ以上の専門領域を持ち、それ以外の領域においても一定以上の支援が可能、かつ、スーパービジョン機能および領域間のコーディネート機能も併せ持つレベル
２級キャリアコンサルティング技能士（熟練レベル）	豊富な実践経験を有し、在職者・求職者のみならず、学生・生徒も含めた幅広いクライエントに対して「厚みと広がり」を持った支援が可能なレベル
国家資格キャリアコンサルタント（標準レベル・非熟練レベル）	典型的な場面・クライエントに係るキャリアコンサルティング（職業選択、職業選択設計、職業能力開発に関する相談、助言、指導）を、クライエントの安心感を持って実施する、知識、技能、倫理等の基盤を有するレベル

（厚生労働省「キャリアコンサルタントの能力要件の見直し等に関する報告書」（https://www.mhlw.go.jp/stf/houdou/0000199219.html）をもとに著者作成）

(3) 受検資格

2級キャリアコンサルティング技能士は熟練レベルとされており、受検のためには一定の経験や資格、条件が必要となります。2級キャリアコンサルティング技能士の受検資格は以下の通りです。一読すると、国家資格キャリアコンサルタントの受検資格よりも、より長期の実務経験や専門性が必要とされていることがわかると思います。なお、受検資格の詳細は、必ず協議会のサイトで最新のものをご確認ください。

【2級キャリアコンサルティング技能検定受検資格】

① 5年以上の実務経験を有する者

② 4年以上の実務経験を有する者で、大学（※1）において検定職種に関する科目（※2）について20単位以上修得し、卒業したもの

③ 4年以上の実務経験を有する者で、キャリアコンサルタント試験（※3）の受検要件を満たすものとして厚生労働大臣が認定する講習を修了したもの又はこれと同等以上の講習を修了したもの

④ 3年以上の実務経験を有する者で、大学院（※4）において検定職種に関する科目（※2）について8単位以上修得し、修了したもの

⑤ 3年以上の実務経験を有する者で、キャリアコンサルタント試験（※3）に合格したもの又はキャリアコンサルタントであるもの（※5）

※1 大学には、課程が学校教育法による大学の学士課程と同等の教育水準であると独立行政法人大学改革支援・学位授与機構によって認定された大学及び学校教育法による大学と同等以上と認められる外国の学校を含む。

※2 検定職種に関する科目とは、研究科や専攻の名称にとらわれず、心理学・教育学・社会学・経営学・社会福祉学・看護学・その他の人間科学及び人事・労務管理関連科目のうち、協議会が認めたものに限る

※3 キャリアコンサルタント試験とは、職業能力開発促進法（昭和44年法律第64号）第30条の4に規定するキャリアコンサルタント試験をいう。

※4 大学院には、学校教育法による大学院の他、課程が学校教育法による大学院と同等の教育水準であると独立行政法人大学改革支援・学位授与機構が認定した大学院及び学校教育法による大学院と同等以上と認められる外国の学校を含む。

※5 キャリアコンサルタントであるものとは、職業能力開発促進法第30条の3に規定するキャリアコンサルタントであるものをいう。

（出典：受検概要（協議会）https://www.career-kentei.org/about/）

（4）技能検定の内容

では次に、実際にこの試験がどのような試験なのかを確認していきましょう。２級キャリアコンサルティング技能検定の内容をまとめると以下の通りです。

試験	試験内容	出題形式	試験時間	合格基準
学科試験	筆記試験	四肢択一のマークシート方式による解答（50問）	100分	100点満点で70点以上
実技試験	論述試験	記述式による解答（１ケース）	60分	100点満点で60点以上
	面接試験	① ロールプレイ （受検者がキャリアコンサルタント役となり、相談を行う。ケース内容および試験実施の概要については、受検票に記載） ② 口頭試問 （自らの相談について試験官からの質問に答える）	30分 ・ロールプレイ（20分） ・口頭試問（10分）	100点満点で60点以上※

※ 評価区分ごとに満点の60％以上の得点（所要点）が必要。

（出典：受検概要（協議会）　https://www.career-kentei.org/about/）

① 技能検定は、学科試験と実技試験があります。実技試験は、論述試験と面接試験です。

② 技能検定合格のためには、学科試験、実技試験双方に合格する必要があります。

③ 学科試験と実技試験は別々に受検することが可能です。どちらか一つに合格した場合、合格した試験が一定期間（合格した試験実施日の翌々年度末まで）に限り免除されます。期間内に他方の試験に合格すれば、技能士の称号が付与されます。

④ 実技試験（論述試験と面接試験）は別々には受検できません。

⑤ 学科試験と論述試験は同日（午前：学科試験、午後：論述試験）に行われます。

⑥　面接試験は、学科・論述試験の翌月に実施されます。
⑦　２級技能検定は１年度内に２回（前期試験：論述６月・面接７月頃、後期試験：論述12月・面接１月頃）実施されます。検定スケジュールと検定の開催地情報など詳細は、協議会のホームページに掲載されます（https://www.career-kentei.org/about/schedule/）

（5）学科試験の概要

それでは、学科試験はどのような試験なのでしょうか。

学科試験は年に２回、６月（前期）と12月（後期）に行われます。論述試験と同日に行われ、午前中に学科試験、午後に論述試験が行われます。学科試験と実技試験は別々に受検することが可能なので、学科試験だけ受検する場合は、学科試験が終われば帰れます。実技（論述）試験も受検する場合は、学科試験が終わるとお昼休憩をはさんで、午後の実技（論述）試験に臨むことになります。

試験時間は100分。出題形式は、四肢択一式（マークシート方式）で、問題数は50問です（具体的な出題内容などは、第３章で解説しています）。

試験中は、受検票、腕時計（腕時計型ウェアラブル端末の使用は不可、音を発するものも不可）、筆記具（黒の鉛筆またはシャープペンシル、消しゴム）以外のものは机の上には置けません。その他、当日の試験係員からの指示、問題用紙に書かれている注意事項はしっかりと確認をしておきましょう。そのつもりはなくても不正行為とみなされてしまう可能性もありますので、要注意です。

なお、試験後、解答用紙は回収されますが、問題用紙は持ち帰り可能です。自身の解答を書き残しておくなどして、振り返りに役立てましょう。そして、試験日の翌日（たいてい午前10時頃）には、技能検定のサイトに問題と解答がアップされます。

(6) 技能検定の合格率

実際に受検するとなると気になるのが合格率です。そこで、これまでの合格率をまとめました。

全体を眺めてみると、近年では50～60％台で推移しています。合格率が一番高かったのは、第22回の81.07％でした。一見すると（そして、実技試験と比べると）合格率は高く見えます。たしかに、実技試験の合格率が20％に届いていないことを考えれば、少し余裕を感じるかもしれません。ただし、学科試験は、合格率の変動が大きいことに注意が必要です。特にここ数年は、毎回10％近く合格率が変動しています。この状況を踏まえて、しっかりと準備をして臨む必要がありそうです。

【２級キャリアコンサルティング技能検定の合格率】

年度	回次	学科試験	（参考）実技試験
令和４年度	第29回	68.87%	15.36%
	第28回	57.40%	17.63%
令和３年度	第27回	66.77%	19.01%
	第26回	57.37%	19.73%
令和２年度	第25回	63.04%	16.82%
	第24回	中止	
令和元年度	第23回	78.38%	18.71%
	第22回	81.07%	16.40%
平成30年度	第21回	64.14%	12.05%
	第20回	80.89%	15.47%
平成29年度	第19回	51.68%	15.03%
	第18回	59.84%	13.58%
平成28年度	第17回	62.70%	15.27%
	第16回	73.65%	16.45%

平成27年度	第15回	48.94%	18.83%
	第14回	53.32%	17.56%
平成26年度	第13回	58.85%	18.98%
	第12回	−	17.22%
平成25年度	第11回	64.49%	20.60%
	第10回	−	22.44%
平成24年度	第9回	54.32%	24.95%
	第8回	−	31.65%
平成23年度	第7回	29.98%	26.10%
	第6回	−	23.30%
平成22年度	第5回	27.88%	25.51%
	第4回	−	24.96%
平成21年度	第3回	45.20%	23.30%
	第2回	−	21.95%
平成20年度	第1回	51.36%	17.24%

※第24回試験は新型コロナウイルス感染症の感染拡大に伴い中止されました。
※第25回試験から、現行の試験範囲に則った試験が行われています。
※学科試験は、平成26年度までは年1回の実施でした（現在は、年2回実施）。

(7) キャリアコンサルティング技能検定の歩み

本章の最後に、キャリアコンサルティング技能検定の歩みについて見ておきましょう。直接試験で問われることはないかもしれませんが、この技能検定が誕生した背景と、どのような歩みをたどってきたかを知っておくことで、今、そして、これからのキャリアコンサルティング技能士に何が求められているか、より深く知る一助になるかと思います。

経済・社会環境が急激に変化し、予測のつかない不透明な時代の始まりに伴い、我が国では、個人の自律的なキャリア形成を支援する労働市場のインフラ整備の一つとして、キャリアコンサルティング施策が打ち出されました。

以来、我が国の雇用対策の重要な柱としてキャリアコンサルティングが位置付けられ、2008年（平成20年）より、これを担うキャリアコンサルタントの技能水準を国家基準により公証する「キャリアコンサルティング技能検定」がスタートしました。

以下は、キャリアコンサルティングおよびキャリアコンサルティング技能検定の歩みを時系列でまとめたものです。

【キャリアコンサルティング技能検定の歩み】

2001年（平成13年）

「第７次職業能力開発基本計画」策定

労働市場を有効に機能させるためのインフラストラクチャーの柱の一つである「キャリア形成の促進のための支援システムの整備」の中で、キャリアコンサルティングの必要性が示されました。

2007年（平成19年）

「キャリア・コンサルタント制度のあり方に関する検討会」報告書発表

厚生労働省より、キャリアコンサルタントを質量両面で充実を図る対策のあり方についての検討結果報告書が発表されました。

2008年（平成20年）

キャリア・コンサルティング技能検定（２級）開始

2009年（平成21年）

「キャリア・コンサルティング研究会報告書」発表

中央職業能力開発協会（厚生労働省委託）より、「指導レベル」のキャリアコンサルタントに求められる能力要件・評価の枠組み等についての報告書が発表されました。

2011年（平成23年）

キャリア・コンサルティング技能検定（１級）開始

2014年（平成26年）

技能検定試験の試験範囲の見直し・拡充

平成23年の標準レベルキャリア・コンサルタント能力評価試験要件変更を受け、「学校教育制度やキャリア教育についての理解」、「ジョブ・カードを活用したキャリア・コンサルティング」等が追加されました。

2016年（平成28年）

キャリアコンサルタント国家資格化

2020年（令和２年）

技能検定試験の試験範囲の見直し・拡充

平成30年の国家資格キャリアコンサルタントの能力要件変更に伴い、「企業におけるキャリア支援」、「リカレント教育」、「職業人生の長期化、仕事と治療、子育て・介護と仕事の両立等の課題に対する支援」などが追加となりました。

（参考文献等）

「第７次職業能力開発基本計画」、厚生労働省（2001）

労働政策研究・研修機構（編）『新時代のキャリアコンサルティング』、労働政策研究・研修機構

木村周『キャリアコンサルティング理論と実際６訂版』、雇用問題研究会

協議会のサイト https://www.career-kentei.org/

※なお、現在は「キャリアコンサルティング」、「キャリアコンサルタント」と表記することになっていますが、各文献の発表当時の表記のまま掲載しています。

第2章

サクッと合格するための勉強法

1 出題の範囲と傾向を知る

(1) 出題範囲を確認しましょう

試験対策のために、まずやるべきことは、出題範囲の確認です。

受検者の話を聞いていると、「試験範囲を見たことがない」という方が意外に多いです。試験範囲は試験に関する情報の宝庫です。

試験範囲というのは、「ここから問題を出しますよ」「この部分を勉強しておいてくださいね」と教えてくれているものです。もっと言うと、「キャリアコンサルタントとしてこれくらいのことは知っておいてくださいね」というメッセージでもあります。試験に合格するためにも、また、効率的・効果的に勉強を進めるためにも、まずは試験範囲を確認するところから始めましょう。

試験範囲については、協議会のサイトに掲載されています。

◆（2級）試験科目及びその範囲並びにその細目
https://www.career-kentei.org/wordpress/wp-content/uploads/2019/12/grade2_kamoku_hani2020.pdf

この概要をまとめたものが、次の表になります。ちなみに、この試験範囲は、2020年に変更があり、第25回試験から現行の内容に基づいて試験が行われています。

【学科試験の試験範囲】

試験範囲	
Ⅰ　キャリアコンサルティングの社会的意義	1　社会及び経済の動向並びにキャリア形成支援の必要性の理解 2　キャリアコンサルティングの役割の理解
Ⅱ　キャリアコンサルティングを行うために必要な知識	1　キャリアに関する理論 2　カウンセリングに関する理論 3　職業能力開発（リカレント教育を含む）の知識 4　企業におけるキャリア形成支援の知識 5　労働市場の知識 6　労働政策及び労働関係法令並びに社会保障制度の知識 7　学校教育制度及びキャリア教育の知識 8　メンタルヘルスの知識 9　中高年齢期を展望するライフステージ及び発達課題の知識 10　人生の転機の知識 11　個人の多様な特性の知識
Ⅲ　キャリアコンサルティングを行うために必要な技能	1　基本的な技能 （1）カウンセリングの技能 （2）グループアプローチの技能 （3）キャリアシートの作成指導及び活用の技能 （4）相談過程全体の進行の管理に関する技能 2　相談過程において必要な技能 （1）相談場面の設定 （2）自己理解の支援 （3）仕事の理解の支援 （4）自己啓発の支援 （5）意思決定の支援 （6）方策の実行の支援 （7）新たな仕事への適応の支援 （8）相談過程の総括

Ⅳ　キャリアコンサルタントの倫理と行動	1　キャリア形成及びキャリアコンサルティングに関する教育並びに普及活動 2　環境への働きかけの認識及び実践 3　ネットワークの認識及び実践 4　自己研鑽及びキャリアコンサルティングに関する指導を受ける必要性の認識 5　キャリアコンサルタントとしての倫理と姿勢

ご覧の通り、試験範囲は幅広く、それぞれに含まれる知識の量もかなり膨大です。学科試験はこの試験範囲全体から出題されます。

また、学科試験は、この表の冒頭の「Ⅰ キャリアコンサルティングの社会的意義　／1 社会及び経済の動向並びにキャリア形成支援の必要性の理解」から、最後の「Ⅳ キャリアコンサルタントの倫理と行動／5 キャリアコンサルタントとしての倫理と姿勢」まで、全ての領域から、おおよそこの試験範囲に掲載されている順番に沿って出題されます。

この試験範囲を知らないと、学科試験はどこから何が出てくるかわからないように感じて、対策も手探り状態になってしまいます。しかし、試験範囲を知ることで、実は決められた範囲から規則正しく出題されていることがわかります。

(2) 出題傾向を確認しましょう

そして、次に気になるのは、試験範囲のどの領域からどのくらい出題されているのか、ということだと思います。そこで、領域ごとの出題数をまとめてみました。

【項目ごとの出題数】

試験範囲		第29回	第28回	第27回	第26回	第25回
Ⅰ　キャリアコンサルティングの社会的意義	1　社会及び経済の動向並びにキャリア形成支援の必要性の理解	1	1	1	1	1
	2　キャリアコンサルティングの役割の理解	1	1	1	1	1
Ⅱ　キャリアコンサルティングを行うために必要な知識	1　キャリアに関する理論	5	5	5	5	5
	2　カウンセリングに関する理論	2	2	2	2	2
	3　職業能力開発（リカレント教育を含む）の知識	3	2	3	3	3
	4　企業におけるキャリア形成支援の知識	3	3	3	3	3
	5　労働市場の知識	2	2	2	2	2
	6　労働政策及び労働関係法令並びに社会保障制度の知識	3	4	3	3	3
	7　学校教育制度及びキャリア教育の知識	2	2	2	2	2
	8　メンタルヘルスの知識	3	3	3	3	3
	9　中高年齢期を展望するライフステージ及び発達課題の知識	2	2	2	2	2
	10　人生の転機の知識	2	2	2	2	2
	11　個人の多様な特性の知識	2	2	2	2	2
Ⅲ　キャリアコンサルティングを行うために必要な技能	1　基本的な技能					
	（1）カウンセリングの技能	2	1	2	2	2
	（2）グループアプローチの技能	2	2	2	2	2
	（3）キャリアシートの作成指導及び活用の技能	0	1	0	0	0
	（4）相談過程全体の進行の管理に関する技能	1	1	1	2	0
	2　相談過程において必要な技能					
	（1）相談場面の設定	0	1	0	0	0
	（2）自己理解の支援	2	2	2	2	2

Ⅲ　キャリアコンサルティングを行うために必要な技能	（3）仕事の理解の支援	2	2	2	2	1
	（4）自己啓発の支援	1	0	1	0	0
	（5）意思決定の支援	0	0	0	0	1
	（6）方策の実行の支援	0	0	0	0	0
	（7）新たな仕事への適応の支援	0	0	0	0	1
	（8）相談過程の総括	0	0	0	0	0
Ⅳ　キャリアコンサルタントの倫理と行動	1　キャリア形成及びキャリアコンサルティングに関する教育並びに普及活動	2	2	2	2	3
	2　環境への働きかけの認識及び実践	2	2	2	2	2
	3　ネットワークの認識及び実践	1	1	1	1	1
	4　自己研鑽及びキャリアコンサルティングに関する指導を受ける必要性の認識	2	2	2	2	2
	5　キャリアコンサルタントとしての倫理と姿勢	2	2	2	2	2
	合計	50	50	50	50	50

出題範囲と出題数の関係をまとめたのが上の表です。もちろん問題によっては、複数の領域にまたがっているものや、どの領域からの出題かはっきりと分けられないものもありますが、この表からもおおよその傾向を見て取っていただけると思います。

上の表から、学科試験がこの出題範囲全体からまんべんなく出題されていることが理解していただけると思います。そのため、出題範囲全体について知識を体系的に身に付けておく必要があります。

また、特にこの試験で特徴的なのは、出題の「順番」だけでなく、領域ごとの「出題数」がおおむね一定していることです。現行の試験範囲で行われている第25回試験以降、試験範囲の各領域での出題数は毎回およそ変わりません。ですので、「この領域からこれくらいの問題数が出されるんだな」ということも認識しておいていただければと思います。

もちろん、今後もずっとこの傾向が続くとは限りませんので、どの項目から何問出題されても対応できるように、体系的に知識を身に付けておくことは必要です。

2 国家資格試験との出題比較

2級学科試験の特徴を知るために役に立つのは、国家資格試験との出題傾向の比較です。次の表をご覧ください。

本書をお読みの方の中には、国家資格試験を受験した（国家資格キャリアコンサルタント資格をお持ちの）方が多いと思います。国家資格試験の試験内容と2級学科試験はどう違うのか、これは試験勉強を進める上でも有効な指針になります。

次の表は、第29回2級学科試験（2022年12月）と同じ年に行われた、第21回（2022年11月）、第20回（2022年7月）の国家資格学科試験の出題傾向の比較です。

【学科試験の試験範囲】

試験範囲		2級 第29回	国家 第21回	国家 第20回
Ⅰ　キャリアコンサルティングの社会的意義	1　社会及び経済の動向並びにキャリア形成支援の必要性の理解	1	1	1
	2　キャリアコンサルティングの役割の理解	1	2	2
Ⅱ　キャリアコンサルティングを行うために必要な知識	1　キャリアに関する理論	5	4	4
	2　カウンセリングに関する理論	2	3	3
	3　職業能力開発（リカレント教育を含む）の知識	3	4	4
	4　企業におけるキャリア形成支援の知識	3	3	3
	5 労働市場の知識	2	3	3

Ⅱ　キャリアコンサルティングを行うために必要な知識	6　労働政策及び労働関係法令並びに社会保障制度の知識	3	4	4
	7　学校教育制度及びキャリア教育の知識	2	2	2
	8　メンタルヘルスの知識	3	2	2
	9　中高年齢期を展望するライフステージ及び発達課題の知識	2	1	1
	10　人生の転機の知識	2	1	2
	11　個人の多様な特性の知識	2	3	2
Ⅲ　キャリアコンサルティングを行うために必要な技能	1　基本的な技能			
	（1）カウンセリングの技能	2	1	1
	（2）グループアプローチの技能	2	1	1
	（3）キャリアシートの作成指導及び活用の技能	0	1	1
	（4）相談過程全体の進行の管理に関する技能	1	1	1
	2　相談過程において必要な技能			
	（1）相談場面の設定	0	1	1
	（2）自己理解の支援	2	2	1
	（3）仕事の理解の支援	2	1	2
	（4）自己啓発の支援	1	1	0
	（5）意思決定の支援	0	1	1
	（6）方策の実行の支援	0	1	2
	（7）新たな仕事への適応の支援	0	0	1
	（8）相談過程の総括	0	1	0
Ⅳ　キャリアコンサルタントの倫理と行動	1　キャリア形成及びキャリアコンサルティングに関する教育並びに普及活動	2	1	1

Ⅳ　キャリアコンサルタントの倫理と行動	2　環境への働きかけの認識及び実践	2	1	1
	3　ネットワークの認識及び実践	1	1	1
	4　自己研鑽及びキャリアコンサルティングに関する指導を受ける必要性の認識	2	1	1
	5　キャリアコンサルタントとしての倫理と姿勢	2	1	1
	合計	50	50	50

実は、２級試験も国家資格試験も、学科試験の出題範囲に違いはありません。

◆２級試験科目及びその範囲並びにその細目
https://www.career-kentei.org/wordpress/wp-content/uploads/2019/12/grade2_kamoku_hani2020.pdf

◆キャリアコンサルタント試験の試験科目及びその範囲並びにその細目（協議会）
https://www.career-shiken.org/wordpress/wp-content/uploads/2019/12/past-03.pdf

◆キャリアコンサルタント試験の試験科目及びその範囲並びにその細目（JCDA 日本キャリア開発協会）
https://www.jcda-careerex.org/files/requirements/66file_15876275291.pdf

レベルの差はあれ、同じキャリアコンサルティングの能力を測る試験ですので、身に付けておくべき知識の範囲は同じ、ということでしょうか。また、試験が「50問」、「４肢択一式」、「試験時間100分」という点も同じです。

とはいえ、試験自体が全く同じかというと、そういうことでもありません。両者の違いとしては、２級試験では国家資格試験に比べ、次のような内容が多く出題される傾向があります。

・キャリアに関する理論
・メンタルヘルスの知識
・グループアプローチの技能
・キャリア形成及びキャリアコンサルティングに関する教育並びに普及活動
・環境への働きかけの認識及び実践
・自己研鑽及びキャリアコンサルティングに関する指導を受ける必要性の認識
・キャリアコンサルタントとしての倫理と姿勢

特に、「キャリア形成及びキャリアコンサルティングに関する教育並びに普及活動」以降は、国家資格の倍近い出題数になっています。

一方、国家資格試験のほうでは、その分、同じ50問の中で次の内容が多く出題される傾向があります。

・カウンセリングに関する理論
・労働市場の知識
・労働政策及び労働関係法令並びに社会保障制度の知識
・相談過程において必要な技能

特に、「相談過程において必要な技能」については、そこに含まれる各項目についてまんべんなく出題されています。

このことから、国家資格試験では、相談者相手にキャリアコンサルティング（１対１の面談）を行う上での基礎知識を中心に問われ、一方、２級試験は国家資格試験の範囲にプラスして、キャリアコンサルタントとしての役割を適切に果たしていくための知識も問われていると考えることができます。

また、出題の中身として、２級試験のほうが、「見たことがない」理論（家）、白書・統計・報告書などが出されやすい傾向もあります。

これらのことから、２級試験のほうが出題範囲は広く感じられます。しかしその分、基礎的な知識を問うものが多く、いわゆる「素直な」問題が多い傾向にあります。事前の対策で基本をしっかりと押さえておくことで十分合格に近付くことができます。

3 2級学科試験合格に向けた具体的勉強法

(1) 基礎的な知識を押さえる

では、ここからは具体的な勉強方法について確認をしていきましょう。まずは、本書でお勧めする勉強の進め方をまとめました。次のチャートをご覧ください。

【2級学科試験学習チャート】

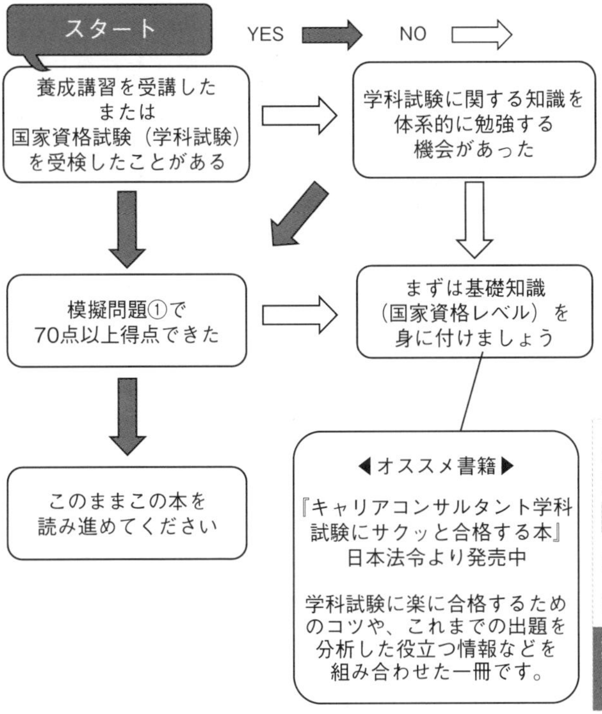

まずは、キャリアコンサルタントとして知っておくべき基礎的な知識を体系的に押さえておきましょう。

基礎的な知識がしっかり身に付いていれば、この２級学科試験にもある程度対応はできます。逆に言うと、それが身に付いていないと、対応が難しくなってしまいます。そこで、まずは国家資格試験（もしくは、養成講座）で学んだ知識をしっかりと押さえておきます。

ここでは特に、「体系的に」というところがポイントです。先ほども見ていただいたように、この試験では出題範囲の全体からまんべんなく出題されます。試験範囲全体を体系的に理解しておく必要があるのです。「キャリア理論は苦手」、「法律関係はよくわからない」などということになると、その部分で得点することが難しくなります。

もちろん、苦手分野を「捨て問」として、得意な領域でカバーすることも、試験対策としては一つの戦略かも知れません。しかし、「熟練レベルのキャリアコンサルタント」として、それでは知識不足とみなされかねません。また、カバーする範囲自体は広いですが、それぞれについて深い知識を求めている問題は少ないので、やはり「広く浅く」でも全体を知っておくということが、安定的に得点を重ねていくためには大切なことです。

特に、養成講座の受講や国家資格試験の受験をしたことがない方は、まずは学科試験の範囲全体をカバーできる資料が必要です。お手元に何かしらキャリアコンサルティングに関する知識を体系的にまとめた本を一冊用意しておくことをお勧めします。

また、国家資格試験を受験した方、養成講座を受講した方は、一度は体系的に基礎的な知識を学ばれたことがあると思います。その知識を今もキープできているかを確認しましょう。そこで、本書の第４章「模擬問題①」に取り組んでみましょう。

内容としては、国家資格試験でも学んだ基礎的な問題で構成されています。まずは実力試しでこちらにチャレンジしてみてください。時間は100分。70点以上で合格です。

この「模擬問題①」にあるような内容に問題なく答えられるようであれば、学科試験で必要な基礎的な知識はある程度お持ちだといえそうですので、このまま本書を読み進めてください。

(2) 2級試験に向けた知識を補充する

今、この項目を読んでいるのは、前述のチャートで「このまま読み進めてください」となった方ですね。国家資格試験レベルの基礎知識をすでにお持ちということだと思います。2級試験と国家資格試験は重なる部分が大きいので、現在お持ちの知識で、2級試験にもある程度は対応できると思います。

ですが、やはり2級試験ならではの必要となる知識、そして、皆さんが国家資格試験を受験したり、養成講座を受講したりした時点以後に加わった内容、アップデートが必要な知識などもあります。本書ではそれらについて取り扱っていきます。具体的には、以下の各項目についてです。

・労働政策及び労働関係法令並びに社会保障制度の知識
・白書・統計・報告書関連
・キャリアに関する理論
・キャリアコンサルタントとしての倫理と行動

今お持ちの基礎的な知識の上に、本書でご紹介する知識を積み増していただき、2級学科試験に対応できる知識を構築し、より万全を期して試験に臨める体制をつくっていきましょう。

(3) 問題を解くことに慣れる

必要な知識のインプットができたら、あとはアウトプットの練習です。インプットした知識が試験の中でどのような形で問われるのか。実際的な問題に答えることを通して体感していきましょう。

本書を読み終えたら、まずは本書で学んだことが身に付いているか確認するために、第4章「模擬問題②」を解いてみてください。今回本書で取り扱った内容を中心に構成しています。本書の内容が試験でどのような形で出題されるのかを知り、そして、問題をどう読み解き、解答を導き出すか、体感してみましょう。合格点は70点です。合格点に満たない場合は、本書を読み直してみてください。また、70点以上取ることができた方も、間違っていた部分や曖昧な部分については本書で確認をしたり、他の資料を調べたりしながら確実な知識として身に付けられるようにしておいてくださいね。

そして、本書の内容をしっかりと押さえられたら、今度は実際の2級試験の過去問題を解いていきましょう。協議会のサイトに、直近3回分の過去問題（と解答）が掲載されています（https://www.career-kentei.org/about/learninfo/）。

次の回の試験が実施されると、古いものから順に消されていきますので、都度ダウンロードしてデータを保管しておきましょう。ちなみに、解答用紙（マークシート）は公開されていないので、ご自身で作成するか、本書のマークシートをコピーして使っていただいてもよいと思います。

過去問題についても、やはり70点を目標として取り組みます。70点に満たない場合は、基礎知識の再確認を行います。あるいは、特定の領域に苦手意識がある場合はその領域の知識を補強します。そして、得点にかかわらず、間違ったところ、曖昧なところについては、ご自身で調べて（過去問題には解答がありますが、解説はありません。ですので、わからないところはご自身で調べる必要があります）、しっかりと正確な知識を身に付けられるようにしましょう。

また、過去問は1回だけでなく、繰り返し解くようにします。それによって、問われる知識を定着させることと、出題パターンに慣れることができます。学科試験は過去に出題された問題と似たような問題が繰り返し出題される傾向があります。その意味では、過去問題は予想問題でもあります。そこで、過去問題を繰り返し解いて、一つひとつの問題について理解を深めておくことは非常に役に立ちます。そうしておくことで、試験本番に、「この問題見たことがある」となって、確実に得点できるようになるといいですね。

(4) さらに得点を伸ばすには

上記（1）～（3）に取り組んできただくことで、おおよそ学科試験の準備はできるかと思います。

さらに点数を伸ばすには、まず２級の過去問をやりつくしたら、今度は国家資格、１級の学科試験に取り組んでみましょう。「別の試験なのに？」と思われる方もいらっしゃるかもしれませんが、実はこの３つの試験は試験範囲もおおむね共通していて、同じ団体（協議会）が作成しているため、これらを解いてみることは受検対策として役に立ちます。実は難易度もそれほど変わりません。１級試験だけ、選択肢が５択になっているので、一瞬戸惑われる方もいらっしゃるかもしれません。ただ、内容をよく見ると難易度にはそれほど差はないことがわかると思います。

直近の問題を解くことは、「最近の傾向」を知る上では役に立ちます。場合によっては、あまりに古い２級の過去問より、最近の国家資格や１級試験のほうが役に立つ場合もあります。ぜひチャレンジしてみてください。

そして、さらに得点を伸ばすには、常日頃からの情報収集が役に立ちます。

学科試験では、「こんなもの（理論、統計、報告書…）見たことない」という問題が出ることもあります。焦りますよね。

これらは既存のテキストや過去問だけでは対策ができません。過去問は過去の情報に基づく問題です。今までどのような問題が出たのかは理解できますが、これから新しく出る問題についてはわかりません。

ただ、そういった問題も、いわゆる「捨て問」として出題されている訳ではなく、それらがキャリアコンサルタントとして知っておくべき情報だから出題されているのです。

そこで、学科試験のための勉強と併せて、プロのキャリアコンサルタントとして、新しい法律や政策の動向、また、より広い意味では社会・経済の動向などにも目を配るようにしておきましょう。そうすることで、もし、見たことがない問題が出題されたときも、問題を読んだ時にその詳細まではわからないとしても、その問題が何を言っているのか、解答として何が求められているのか、を見出しやすくなります。

4 さらに当日に向けての準備

（1）記憶を定着させる

テキストを読むことにしても、過去問を解くことにしても、定期的に繰り返しましょう。人は忘れる生き物です。そのときは、覚えたと思っていたことも、しばらくすると記憶が薄れてきます。そこで、定期的に学び直すことで記憶を維持していくことが必要です。

１度目よりは２度目、２度目よりは３度目のほうが、かかる労力は少なくて済むはずです。また、知識の定着の度合いも高まります。時間を見つけて、定期的に繰り返し過去問を解く、過去問の解説を読み返すなど、一度覚えた知識を維持・定着させる工夫をしましょう。

（2）マークシートに慣れる

本試験はマークシート方式です。普段マークシートを使う習慣がある人は少ないと思います。ただ、マークシートに慣れていないと、塗りつぶしがうまくいかない、緊張から力加減が調整できず必要以上に手を疲れさせてしまう（午後の論述試験のためにもよくない）、また、うっかりマークミスで失点してしまうなどの危険性があります。できれば練習の時からマークシートを使って練習をしておくことをお勧めします。

ただ、マークシート（それも試験と同じ50問用のもの）を用意するのは難しいかもしれません。その場合は、本書の模擬マークシート（243ページ）をコピーして使ってみてください。

(3) 時間配分に気を付ける

本試験の時間は100分です。実技試験に比べれば、時間的に余裕を感じられる方も多いと思います。とはいえ、試験という緊張感の中、限られた時間で、問題に取り組んでいくためには、やはりそれなりの計画性が必要です。また、学科試験は50問と、かなり量が多いです。そのため、ペース配分が大切になります。

問題を読んで、選択肢を読んで、正解（と思われるもの）を選んで、マークシートを塗りつぶす。これを50問繰り返す。そして、見直しも必要ですね。これらにどれくらいの時間を掛けられるのか。練習の時点から自分なりのペース配分を身に付けておくことをお勧めします。

(4) 試験が始まったら

試験当日。試験開始の合図があったら、すぐに問題を解きたくなりますが、その前に注意事項にもざっと目を通しておきましょう。限られた試験時間ですので、じっくり読み込む必要はありませんが、注意事項として何が書いてあるかくらいは留意したいものです。注意事項は、問題を解く上での大前提です。

特に注意しておいていただきたいのは「法令基準日」です。いつの時点の法律に基づいて出題されているか、ということです。たいていは、試験実施年度の４月１日（例えば、2022年６月実施の第28回、12月実施の第29回であれば、「特段の指示のない限り、2022 年４月１日現在で施行されている法令等に基づいて解答してください。」）と指示されています。なぜ注意事項としてこのような記述があるのかというと、法令や制度は常に新設・改正されているおり、いつの時点の話なのかで解答が変わる場合があるからです。問題を解く上での前提条件として、「いつの話か」ということは押さえておきましょう。

もちろん、例外もあります。試験の注意事項にも「特段の指示のない限り～」と記載されています。ということは、「特段の指示」のもと、基準日以外の法令が出題される可能性もあります。問題文をよく読んで、あとで「しまった！」とならないように気を付けて臨みましょう。

(5) 午後（論述試験）のことも少しだけ気にしておく（試験が終わったら切り替えも大事）

目の前の試験に一生懸命取り組むことはもちろん大切なことです。ただ、午後の実技試験（論述試験）も受検する方は、学科試験に注力しすぎて、午前中で燃え尽きてしまう、なんてことがないように気を付けましょう。午前中の学科試験、午後の論述試験、どちらも「書く」試験ですので、手が疲れて書くのがしんどくなってしまうと、論述試験で実力が十分発揮できなくなってしまうかもしれません。気にしすぎる必要はないとは思いますが、少しだけ午後のことも気にかけて、ペース配分にも気を配っておきましょう。

また、午前の試験と午後の試験の間には休憩時間がありますので、その間に気力・体力を回復させるためのアイテムを持参するというのも有効だと思います。また、学科試験が終わったら、いったん学科試験のことは横に置いて、引きずりすぎないことも大切です。お昼ご飯を食べたりしながら、午後の論述試験に向けて、気持ちの切り替えを行いましょう。

(6) 解答を書き記しておく

試験は受けっぱなしではなく、振り返りが大切です。学科試験は問題用紙を持ち帰ることができますので、後で振り返りができるように、問題用紙に自分の解答を書きとめておきましょう。もちろん、そのための時間を確保できるように練習の時点から時間配分に気を付けておくことも必要です。

学科試験は試験日の翌日には正解が公表されます。そこで、学んできたものがどの程度身に付いていたのか、何が不足していたのかが確認できます。今後の研鑽に活かしましょう。

(7) 正解をチェックして、振り返りを行う

協議会のサイトで公表される学科試験の正解を見て、これまでの練習の時と同じように、ご自身の解答と正解のチェックを行います。そして、間違ったところやわからなかったところについては、ご自身で調べるなどの振り返りを行います。

中には、「実技試験が終わるまで、正解は見たくない」という方もいらっしゃいます。それはそれでよいのですが、必ずどこかのタイミングで振り返りはしていただきたいです。学科試験は終わっても、キャリアコンサルタントとしての学びは続きます。試験に出てきた問題も一つの学びです。着実にご自身の知識として吸収していきましょう。

第3章

サクッと合格するための
出題ポイント

それでは、２級学科試験対策のために、押さえておくべき出題ポイントを見ていきましょう。

国家資格レベルの基本的な知識はすでに身に付いているという前提で、２級学科試験に向けて補強、アップデートしておく知識をご紹介します。ご紹介するのは大きく４つの領域についてです。

・労働政策及び労働関係法令並びに社会保障制度の知識
・資料（白書・統計・報告書）関連の知識
・キャリアに関する理論の知識
・キャリアコンサルタントの倫理と行動の知識

これらの内容について、出題の傾向と合格のために知っておくべき知識をご紹介していきます。ポイントを押さえてサクッと得点に結び付けていきましょう。

1 労働政策及び労働関係法令並びに社会保障制度の知識～頻出分野と最近の法改正を押さえる

「労働政策及び労働関係法令並びに社会保障制度の知識」の領域からは、法令関係の問題が毎回３問程度出題されます。労働関係法令が出題の中心です。また、メンタルヘルスなどの領域でも法令関係の問題が出題されることもあります。

労働関係法令は、対象となる範囲は非常に幅広いですが、基礎的な内容を問う問題が多く、深い理解を問うというよりも、「知っているか・知らないか」レベルで解ける問題がほとんどです。ですので、まずは再頻出の労働基準法をはじめ、以下でご紹介する頻出の法令についての基礎的な知識をしっかりと身に付けておきましょう。

また、新たに制定・改正された法令に関連した問題が出題されることもあります。それらに関しては、学習の対象となる範囲は限られていますので、試験の前には、既存のテキストの内容確認と併せて、最近の法制定・法改正の概要についても情報を押さえておくと得点につながりやすくなります。

(1) 頻出法令の確認

学習にあたって、まずは頻出の法令を確認しておきましょう。次の表は、試験範囲の改正があった第25回試験以降の頻出分野をまとめたものです（設問ごとに１回と計算しています）。

【頻出法令一覧】

法律名	合計	第25回	第26回	第27回	第28回	第29回
労働基準法	8	2		1	4	1
高年齢者雇用安定法	4	1		1	1	1
労働安全衛生法	3	2		1		
労働者災害補償保険法	3	2		1		
最低賃金法	2		1			1
女性活躍推進法	2		1	1		
育児・介護休業法	1	1				
男女雇用機会均等法	1				1	
次世代育成支援対策推進法	1		1			
労働契約法	1		1			
職業安定法	1				1	
労働時間等設定改善法	1		1			
障害者雇用促進法	1	1				
学校教育法	1	1				
教育基本法	1					1

第25回以降の出題数を見てみると、労働基準法が最多です。それも、際立って出題数が多いことがわかります。労働基準法は、学科試験対策として、まず押さえておくべき法令になります。次に高年齢者雇用安定法、労働安全衛生法などが続きます。また、複数の法令にまたがっていますが、女性の職業生活に関わるものも出題が多いです。

これら法令関係の問題については、詳細な知識を問うものはほとんどありません。基本的な内容が理解できていれば解答できる問題が多いです。そのため、養成講習や国家資格試験の学科対策のテキストなど、基本事項をまとめた書籍を一読して、内容を理解しておくことで対応が可能です（ただし、テキスト発行時以降の法改正等により記載内容が古くなってしまっていることがあるので注意が必要です）。

(2) 頻出法令のまとめ

それでは、まずは、頻出法令について基礎的な知識を定着させておきましょう。次の表は、主要な法令のポイントをまとめたものです。これらの内容については、学科試験に臨む上での基礎知識として理解しておきたいところです。ここに書かれている内容を見て、わからないところや理解を深めたいところについては、養成講座や国家資格試験のテキストを確認したり、条文（原文）を確認したりしておきましょう。

ここでご紹介するのは、まずは最頻出法令である労働基準法です。また、労働基準法と密接な関連にある労働契約法、そして、頻出法令の一つでもある労働安全衛生法です。

なお、高年齢者雇用安定法や女性の職業生活に関わる法令などについては、（３）最近の法制定・法改正についてを参照してください。

①　労働基準法のまとめ

法律違反の契約	この法律で定める基準に達しない労働条件を定める労働契約は、その部分については無効。この場合、無効となった部分は、法律で定める基準による。（第13条）
契約期間	期間の定めのないものを除き、原則上限３年（例外あり）。（第14条）
労働条件の明示	労働契約の締結に際し、労働者に対して労働条件の明示が必要。（第15条） ≪絶対的明示事項≫ 書面等で明示が必要。 ①　契約期間 ②　更新の基準（有期労働者の場合） ③　就業場所、従事する業務 ④　始業・終業時刻、休憩時間、休日など ⑤　賃金 ⑥　退職（解雇含む）
禁止事項	賠償予定（第16条）、前借金相殺（第17条）、強制貯金（第18条）

解雇制限	使用者は、労働者の業務上の負傷・疾病による休業期間とその後30日間、産前産後の女性の休業期間とその後30日間は、解雇できない。（第19条）
解雇予告	労働者を解雇する場合、少くとも30日前にその予告が必要、もしくは、30日分以上の平均賃金（解雇予告手当）の支払いが必要。（第20条）
賃金の支払い	≪賃金支払いの５原則≫（第24条） ① 通貨払い（例外：労働協約、厚生労働省令に定めがある場合） ② 直接払い ③ 全額払い（例外：労使協定、法令に定めがある場合） ④ 毎月１回以上払い ⑤ 一定期日払い
休業手当	使用者の責に帰すべき事由による休業の場合、平均賃金の60/100以上の手当の支払いが必要。（第26条）
労働時間	≪原則≫ １日８時間、週40時間を超えてはならない。（第32条） ≪例外≫ ・変形労働時間制（第32条の２ほか） ・フレックスタイム制（第32条の３ほか） ・事業場外労働に関するみなし労働時間制（第38条の２） ・専門業務型裁量労働制（第38条の３） ・企画業務型裁量労働制（第38条の４） ・高度プロフェッショナル制度（第41条の２） ≪特例事業所≫ 商業、映画・演劇業、保健衛生業、接客娯楽業のうち労働者が常時10人未満の事業場では、１日８時間、週44時間まで。
休憩	労働時間が６時間を超える場合は少なくとも45分、８時間を超える場合は少なくとも１時間の休憩が必要。（第34条）
休日	毎週少なくとも１回、もしくは、４週間を通じ４日以上の休日が必要。（第35条）

時間外・休日労働	・労使協定（いわゆる36協定）の締結と、所轄の労働基準監督署長への届出。（第36条） ・限度時間。１月45時間、１年360時間。 ・特別条項 時間外労働１年720時間以内、時間外および休日労働１月100時間未満、２か月～６か月の平均は１月当たり80時間以内。
割増賃金	時間外、深夜（午後10時～午前５時）に労働させた場合には25％以上、法定休日に労働させた場合には35％以上の割増賃金が必要。（第37条）
妊産婦	・産前産後休業（第65条） ・妊産婦が請求した場合、時間外・休日労働および深夜業をさせてはならない。（第66条）
年次有給休暇	・雇入れの日から起算して６か月間継続勤務し、全労働日の８割以上出勤した労働者に対して最低10日を付与しなければならない。（第39条） ・使用者による休暇時季の変更権 ・２年間で時効によって消滅 ・年次有給休暇の取得義務（年５日） ・年次有給休暇の計画的付与
賃金請求権	賃金支払期日から５年で時効消滅（ただし、当分の間は３年）。（第115条）

②　労働契約法のまとめ

労働契約の原則	①労使対等の原則、②均衡考慮の原則、③仕事と生活の調和への配慮の原則、④信義誠実の原則、⑤権利濫用の禁止の原則（第３条）
労働契約の成立	労働契約は、労働者および使用者が合意することによって成立。（第６条）
労働契約の内容変更	労働者および使用者は、その合意により、労働契約の内容である労働条件を変更することができる。（第８条）
就業規則違反の労働契約	就業規則で定める基準に達しない労働条件を定める労働契約は、その部分について、無効。無効となった部分は、就業規則で定める基準による。（第12条）

解　雇	解雇は、客観的に合理的な理由を欠き、社会通念上相当であると認められない場合、権利を濫用したものとして、無効。（第16条） 有期労働者については、やむを得ない事由がある場合でなければ、契約期間途中の解雇はできない。（第17条）
無期転換	同一の使用者との間で、有期労働契約が通算で５年を超えて繰り返し更新された場合は、労働者の申込みにより、無期労働契約に転換。（第18条） ※平成25年４月１日以降の契約が対象。 この場合の労働条件は、別段の定めがある場合を除き、現に締結している有期労働契約の内容と同一の労働条件（契約期間を除く）。
雇止め法理	≪対象≫ ①　過去に反復更新された有期労働契約で、その雇止めが無期労働契約の解雇と社会通念上同視できると認められるもの ②　有期労働契約の契約期間の満了時にその有期労働契約が更新されるものと期待することについて合理的な理由があると認められるもの ①、②の場合、使用者が雇止めをすることが、客観的に合理的な理由を欠き、社会通念上相当であると認められないときは、雇止めが認められない。 その際は、使用者は、従前の有期労働契約と同一の労働条件での更新の申込みを承諾したものとみなす。（第19条）

③　労働安全衛生法のまとめ

健康診断	雇入れ時や１年以内ごとに１回、定期に健康診断を行う必要（深夜業などの特定業務従事者は、６か月以内ごとに１回）。（第66条）
ストレスチェック	・１年以内ごとに１回 ・常時50人以上の労働者を使用する事業者に対して義務付け（50人未満の事業場は、当面の間、努力義務）。 ・メンタルヘルスの一次予防と職場の環境改善が目的。（第66条10）

面接指導	長時間労働者等への医師による面接指導。（第66条の８ほか）

(3) 最近の法制定・法改正について

頻出の法令知識と併せて、近年新たに制定・改正された法令についても押さえておきましょう。

先ほど頻出分野でご紹介した高年齢者雇用安定法、労働安全衛生法、女性の職業生活に関わる法律も近年改正が行われたものです。これらの内容を知っておくことは、試験だけでなく、実務上でも役に立ちます。

毎年多くの法令が制定・改正されますが、キャリアコンサルタントとして知っておくべき法改正については、厚生労働省のホームページにまとめられています。

◆更新講習（知識講習）で盛り込むべき項目について
https://www.mhlw.go.jp/stf/seisakunitsuite/bunya/0000143017.html

これは更新講習を実施する機関に、知識講習の中に盛り込んでおいてもらいたい法令制度の内容を示したものです。つまり、毎年数多く行われる法制定・法改正の中でも、キャリアコンサルタントに知っておいていただく必要があると判断されたものになります。

こちらの内容は毎年更新されており、関連情報へのリンクも貼られています。法令制度に関する知識の更新にお役立てください。

ここでは、近年新たに制定・改正された法令について情報を確認しておきましょう。

近年の法制定・法改正について、それぞれ、（１）改正の趣旨（どのような目的で行われた法制定・法改正か）、（２）改正の概要（どのような内容か）、（３）改正の詳細（より具体的な内容）から構成しています。時間がない場合は、（1）、（2）だけでも目を通しておくと、おおよその内容を把握することができます。

1　雇用保険法等の一部改正（令和４年）

◆参考サイト（厚生労働省）
https://www.mhlw.go.jp/stf/topics/bukyoku/soumu/houritu/208.html

（1）改正の趣旨

新型コロナウイルス感染症による雇用への影響等に対応し、雇用の安定と就業の促進を図ることを目的とした改正です。

具体的措置として、失業等給付に係る暫定措置の継続等、求人メディア等のマッチング機能の質の向上、地域のニーズに対応した職業訓練の設定やキャリアコンサルティングの推進などが講じられました。

（2）改正の概要

① 失業等給付に係る暫定措置の継続等
② 求人メディア等のマッチング機能の質の向上
③ 地域のニーズに対応した職業訓練の推進等
④ 雇用保険料率の暫定措置および雇用情勢等に応じた機動的な国庫負担の導入等

（3）改正の詳細（一部を除き、令和４年４月１日施行）

① 失業等給付に係る暫定措置の継続等

・雇止め離職者、雇用情勢の悪い地域の求職者への基本手当給付日数の拡充措置の延長
・教育訓練支援給付金の延長
・コロナの影響による離職者の基本手当の給付日数拡充措置の対象期

間の設定
・雇用保険に一定期間加入後に離職して起業する者が廃業した場合に基本手当を受給しやすくする仕組みの新設
・失業等給付受給者が求職者支援制度に基づく訓練を受ける場合を給付日数の拡充・通所手当等の対象とする。

② 求人メディア等のマッチング機能の質の向上
・新たな雇用仲介事業を広く法的に位置付け
・求人メディア等が依拠すべきルールを整備

③ 地域のニーズに対応した職業訓練の推進等
・訓練コースの設定や検証等について都道府県単位の協議会の仕組みの設置
・キャリアコンサルティングの推進に係る事業主・国等の責務規定の整備

④ 雇用保険料率の暫定措置および雇用情勢等に応じた機動的な国庫負担の導入等

②　育児・介護休業法等の一部改正（令和３年）

◆参考サイト（厚生労働省）
https://www.mhlw.go.jp/stf/seisakunitsuite/bunya/0000130583.html

（1）改正の趣旨

出産・育児等による労働者の離職を防ぎ、希望に応じて男女ともに仕事と育児等を両立できるようにすることを目的とした改正です。

具体的措置として、子の出生直後の時期における柔軟な育児休業の枠組みの創設、育児休業を取得しやすい雇用環境整備および労働者に対する個別の周知・意向確認の措置の義務付け、育児休業給付に関する所要の規定の整備等が講じられました。

（2）改正の概要

①　男性の育児休業取得促進のための子の出生直後の時期における柔軟な育児休業の枠組み（産後パパ育休）の創設
②　育児休業を取得しやすい雇用環境整備および妊娠・出産の申出をした労働者に対する個別の周知・意向確認の措置の義務付け
③　育児休業の分割取得
④　育児休業の取得の状況の公表の義務付け
⑤　有期雇用労働者の育児・介護休業取得要件の緩和
⑥　育児休業給付に関する所要の規定の整備

(3) 改正の詳細

① 男性の育児休業取得促進のための子の出生直後の時期における柔軟な育児休業の枠組みの創設（令和４年10月１日施行）

・子の出生後８週間以内に４週間まで取得することが可能。

・休業の申出期限：原則休業の２週間前まで。
※それまでの育児休業（１か月前）よりも短縮。

・分割取得が可能。分割できる回数は、２回。

・労使協定を締結している場合、労働者と事業主の個別合意により、事前調整の上、休業中に就業することも可能。

② 育児休業を取得しやすい雇用環境整備および妊娠・出産の申出をした労働者に対する個別の周知・意向確認の措置の義務付け（令和４年４月１日施行）

・育児休業の申出・取得を円滑にするための雇用環境の整備に関する措置

・妊娠・出産（本人または配偶者）の申出をした労働者に対して事業主から個別の制度周知および休業の取得意向の確認のための措置を講ずることを事業主に義務付け。

③ 育児休業の分割取得（令和４年10月１日施行）

・２回まで分割取得が可能。

④ 育児休業の取得の状況の公表の義務付け（令和５年４月１日施行）

・常時雇用する労働者数が1,000人超の事業主に対し、育児休業の取得の状況について公表を義務付け。

⑤ 有期雇用労働者の育児・介護休業取得要件の緩和（令和４年４月１日施行）

・有期雇用労働者の育児休業および介護休業の取得要件である「事業

主に引き続き雇用された期間が１年以上である者」を廃止（ただし、労使協定を締結した場合、「事業主に引き続き雇用された期間が１年未満である労働者」を対象から除外することは可能)。

⑥　育児休業給付に関する所要の規定の整備（雇用保険法）（令和４年10月１日施行（一部、令和３年９月１日施行））

・育児休業給付の支給要件の変更

被保険者期間に係る要件を満たさないケースであっても、産前休業開始日等を起算点として、その日前２年間に賃金支払基礎日数（就労日数）が11日以上ある完全月が12か月以上ある場合には、育児休業給付の支給に係る被保険者期間要件を満たすこととなりました。

その他、

・産後パパ育休を取得した際の「出生時育児休業給付金」の支給
・育児休業（２回まで分割取得可）を取得した際の「育児休業給付金」の支給

など。

3 雇用保険法等の一部改正（令和２年）

◆参考サイト（厚生労働省）
https://www.mhlw.go.jp/content/11600000/000626606.pdf

（1）改正の趣旨

高齢者、複数就業者等に対応したセーフティネットの整備、就業機会の確保等を図ることを目的とした改正です。

具体的措置として、65歳から70歳までの高年齢者就業確保措置の努力義務化、複数就業者の労災保険給付の対象範囲拡充等の見直し、失業者、育児休業者等への給付等を安定的に行うための基盤整備等が講じられました。

（2）改正の概要

① 高齢者の就業機会の確保および就業の促進
② 複数就業者等に関するセーフティネットの整備等
③ 失業者、育児休業者等への給付等を安定的に行うための基盤整備等

（3）改正の詳細

① 高齢者の就業機会の確保および就業の促進（令和３年４月１日施行）

・65歳から70歳までの高年齢者就業確保措置として、
㋐ 定年引上げ
㋑ 継続雇用制度の導入
㋒ 定年廃止
㋓ 継続的に業務委託契約する制度

㋔　社会貢献活動に継続的に従事できる制度

のいずれかの措置をとることを企業の努力義務にする。

※この改正は、定年の70歳への引上げを義務付けるものではありません。

・高年齢雇用継続給付の縮小（令和７年度から施行）

②　複数就業者等に関するセーフティネットの整備等

・雇用保険マルチジョブホルダー制度（令和４年１月１日施行）

https://www.mhlw.go.jp/stf/seisakunitsuite/bunya/0000136389_00001.html

複数の事業主に雇用される65歳以上の労働者について、雇用保険を適用する制度です。

従来、雇用保険制度は、主たる事業所で「１週間の所定労働時間20時間以上」かつ「31日以上の雇用見込み」等の要件を満たす場合に適用されるものです。

この雇用保険マルチジョブホルダー制度は、複数の事業所で勤務する65歳以上の労働者が、２つの事業所における所定労働時間を合計（合算）して以下の要件を満たす場合に、本人からハローワークに申出を行うことにより、申出を行った日から特例的に雇用保険の被保険者となることができる制度です。

＜適用要件＞

・複数の事業所に雇用される65歳以上の労働者であること

・２つの事業所（１つの事業所における１週間の所定労働時間が５時間以上20時間未満）の労働時間を合計して１週間の所定労働時間が20時間以上であること

・２つの事業所のそれぞれの雇用見込みが31日以上であること

・労働者災害補償保険法改正（令和２年９月１日以降の対象者に適用）

複数就業者の労災保険給付について、複数就業先の賃金に基づく給付基礎日額の算定や給付の対象範囲の拡充等の見直しが行われ、それまで勤務先ごと個別に評価されていたものを、複数勤務先全てから総合的に評価されるようになりました。

㋐　労災認定された際、全ての勤務先の賃金を合算した金額を基に支給額を決定。

㋑　労災認定の際、全ての勤務先での負荷（労働時間やストレスなど）を総合的に評価。

・雇用保険被保険者期間の算入にあたり、日数だけでなく労働時間による基準も補完的に設定（令和２年８月１日施行）。

・大企業に対し、中途採用比率の公表を義務付け（令和３年４月１日施行）。

③　失業者、育児休業者等への給付等を安定的に行うための基盤整備等

・育児休業給付について、失業等給付から独立（令和２年４月１日施行）

子を養育するために休業した労働者の生活及び雇用の安定を図るための給付として、失業等給付から独立して位置付ける等の措置が講じられました。

4 新型コロナウイルス感染症等の影響に対応するための雇用保険法の臨時特例等に関する法律（令和２年）

◆参考サイト（厚生労働省）
https://www.mhlw.go.jp/stf/seisakunitsuite/bunya/0000160688_00002.html

（1）法令の趣旨

新型コロナウイルス感染症等の影響が最小となるようにすることを目的としています。

具体的措置として、新型コロナウイルス感染症等の影響により休業させられた労働者のうち、休業中に賃金を受けることができなかったものに対して新型コロナウイルス感染症対応休業支援金を支給する事業等を行うことができることとするとともに、雇用保険の基本手当の給付日数を延長する雇用保険法の特例措置等が講じられました。

（2）法令の概要

① 休業手当を受けることができない労働者に関する新たな給付制度
　㋐ 休業手当を受けることができなかった被保険者に対して実施
　㋑ 雇用保険の被保険者ではない労働者も対象
② 基本手当の給付日数の延長（給付日数を60日（一部30日）延長）
③ 雇用保険の安定的な財政運営の確保
（令和２年６月12日施行）

5 女性活躍推進法、労働施策総合推進法、男女雇用機会均等法、育児・介護休業法の一部改正（令和元年）

◆参考サイト（厚生労働省）
https://www.mhlw.go.jp/stf/seisakunitsuite/bunya/0000091025.html
https://www.mhlw.go.jp/stf/seisakunitsuite/bunya/koyou_roudou/koyoukintou/seisaku06/index.html

（1）改正の趣旨

女性をはじめとする多様な労働者が活躍できる就業環境を整備することを目的としています。

具体的措置として、女性の職業生活における活躍の推進に関する一般事業主行動計画の策定義務の対象拡大、情報公表の強化、パワーハラスメント防止のための事業主の雇用管理上の措置義務等の新設、セクシュアルハラスメント等の防止対策の強化等が講じられました。

（2）改正の概要

① 一般事業主行動計画の策定義務の対象拡大
② 女性活躍に関する情報公表の強化
③ 特例認定制度（プラチナえるぼし）の創設
④ ハラスメント対策の強化

(3) 改正の詳細

①　一般事業主行動計画の策定義務の対象拡大（令和４年４月１日施行）

一般事業主行動計画の策定・届出義務、女性活躍の情報公表の義務対象が、従業員301人以上から101人以上の事業主に拡大されました。

②　女性活躍に関する情報公表の強化（令和２年６月１日施行）

常時雇用する労働者が301人以上の事業主は、情報公表項目について、

㋐　職業生活に関する機会の提供に関する実績

㋑　職業生活と家庭生活との両立に資する雇用環境の整備に関する実績

の各区分から１項目以上（合計２項目以上）を公表する必要があります。

※常時雇用する労働者が101人以上の事業主は、㋐㋑の全ての項目から１項目以上を公表する必要があります（令和４年４月１日施行）。

③　特例認定制度（プラチナえるぼし）の創設（令和２年６月１日施行）

女性の活躍推進に関する状況等が優良な事業主の方への認定（えるぼし認定）よりも水準の高い「プラチナえるぼし」認定を創設。

④　ハラスメント対策の強化

・国の施策にハラスメント対策を明記（令和元年６月５日施行）

・パワーハラスメント防止対策の法制化（令和２年６月１日施行）

パワーハラスメント防止のため、相談体制の整備等の雇用管理上の措置を講じることが事業主に義務付けられました（中小企業主は令和４年３月31日まで努力義務）。

・セクシュアルハラスメント等の防止対策の強化（令和２年６月１日施行）

セクシュアルハラスメント等に関する国、事業主および労働者の責務の明確化などが行われました。

6 障害者雇用促進法の一部改正（令和元年）

◆参考サイト（厚生労働省）
https://www.mhlw.go.jp/content/000501139.pdf

(1) 改正の趣旨

障害者の雇用を一層促進することが目的。具体的措置として、事業主に対する短時間労働以外の労働が困難な状況にある障害者の雇入れおよび継続雇用の支援、国および地方公共団体における障害者の雇用状況についての的確な把握等が講じられました。

(2) 改正の概要

① 障害者の活躍の場の拡大に関する措置
② 国および地方公共団体における障害者の雇用状況についての的確な把握等に関する措置

(3) 改正の詳細（一部を除き、令和２年４月１日施行）

① 障害者の活躍の場の拡大に関する措置

・国等が率先して障害者を雇用する責務の明確化
・国および地方公共団体について、「障害者活躍推進計画」の作成・公表の義務化
・国および地方公共団体について、障害者雇用推進者・障害者職業生活相談員の選任の義務化
・短時間労働者のうち週所定労働時間が一定の範囲内にある者（特定短時間労働者）を雇用する事業主に対して、特例給付金を支給する仕組みの創設

など

② 国および地方公共団体における障害者の雇用状況についての的確な把握等に関する措置

・報告徴収の規定の新設

・書類保存の義務化（民間事業主も対象）

・対象障害者の確認方法の明確化と適正実施に関する是正勧告を規定など

7 働き方改革関連法（平成30年）

◆参考サイト（厚生労働省）
https://www.mhlw.go.jp/stf/seisakunitsuite/bunya/0000148322_00001.html

(1) 改正の趣旨

労働者がそれぞれの事情に応じた多様な働き方を選択できる社会を実現する働き方改革を総合的に推進することが目的。具体的措置として、長時間労働の是正、多様で柔軟な働き方の実現、雇用形態にかかわらない公正な待遇の確保等が講じられました。

(2) 改正の概要

① 働き方改革の総合的かつ継続的な推進
② 長時間労働の是正、多様で柔軟な働き方の実現等
③ 雇用形態にかかわらない公正な待遇の確保

(3) 改正の詳細

① 働き方改革の総合的かつ継続的な推進（平成30年７月６日施行）

② 長時間労働の是正、多様で柔軟な働き方の実現等（平成31年４月１日施行（一部除く））

・労働時間に関する制度の見直し

㋐ 時間外労働の上限、月45時間、年360時間を原則。
（特別な事情でも年720時間、単月100時間未満、複数月平均80時間を限度に設定（休日労働含む)。）

㋑　月60時間を超える時間外労働に係る割増賃金率（50％以上）、中小企業への猶予措置を廃止。

㋒　有給休暇の規定。使用者は、10日以上の有給休暇が付与される労働者に対し、５日について、毎年、時季を指定して与えなければならない。

㋓　高度プロフェッショナル制度の創設

㋔　勤務間インターバル制度の普及促進等

㋕　産業医・産業保健機能の強化

③　雇用形態にかかわらない公正な待遇の確保（令和２年４月１日施行（一部除く））

・不合理な待遇差を解消するための規定の整備

同一企業内の、正社員と非正規社員（パートタイム労働者、有期雇用労働者、派遣労働者）の間で、基本給や賞与などの個々の待遇の不合理な待遇差の禁止

・労働者に対する待遇に関する説明義務の強化

・行政による履行確保措置および裁判外紛争解決手続（行政ADR）の整備

2 資料(白書・統計・報告書)関連の知識　～頻出資料とそのポイント

(1) 頻出資料の確認

資料（白書・統計・報告書）に関する問題は、「社会及び経済の動向並びにキャリア形成支援の必要性の理解」、「キャリアコンサルティングの役割の理解」、「職業能力開発（リカレント教育を含む）の知識」、「企業におけるキャリア形成支援の知識」、「労働市場の知識」を中心に幅広い領域から出題されます。出題される資料も多岐にわたります。

次ページの表は、出題範囲の改正があった第25回試験以降の頻出分野をまとめたものです（設問ごとに1回と計算しています）。出題される資料は非常に多いので、ここでは2回以上出題されたものをまとめています。

単独の資料としては、「能力開発基本調査」が最多。第25回を除いて毎回出題されています。しかも、複数の設問に登場していることもあり、間違いなく最頻出の資料といえます。

続いて「職業能力開発基本計画」、「労働力調査」。また、それに続く資料を見ると、労働市場に関する資料が続きます。さらに、近年2級学科試験以外でも出題が増えてきている「年次経済財政報告」についても知っておく必要があるでしょう。また、令和2年に公表がなかったせいか、最近はあまり出題されていませんでしたが、かつて頻出資料であった「労働経済の分析」なども押さえておく必要があるでしょう。

また、資料関係の問題の中には、「こんな資料、今まで見たことがない」というものが出題されることもあります。このような問題は、その資料自体の知識を問うているというよりも、そこに書かれている内容、

【頻出資料一覧】

資料名	合計	第25回	第26回	第27回	第28回	第29回
能力開発基本調査	7		2	1	2	2
職業能力開発基本計画	4		1	1		2
労働力調査	4	1	1			2
雇用均等基本調査	3	1	1		1	
毎月勤労統計調査	2	1			1	
就業構造基本調査	2	1			1	
一般職業紹介状況	2	1			1	
年次経済財政報告	2		1			1
人づくり革命基本構想	2				1	1
成長戦略実行計画	2				1	1
副業・兼業の促進に関するガイドライン	2		1		1	
働く環境の変化に対応できるキャリアコンサルタントに関する報告書	2			1		1

つまり、社会経済などキャリア形成支援を取り巻く動向についての理解を問うていることが多いです。

そのため、その資料そのものについては知らなくても、一般的な社会経済の動向についての知識やキャリア形成支援を取り巻く状況についての理解があれば、「常識問題」として解ける問題が多いです。したがって、テキストでの学習と併せ、日頃から社会経済などの状況にも意識を向けておくことが試験対策にもなります。

(2) 頻出資料のまとめ

以下では、頻出の資料の中でも特に重要なものについて、どのような資料かを紹介した「(1) 資料の概要」、大まかな内容を紹介した「(2) 資料の内容」、より詳細な内容と勉強のポイントを紹介した「(3) 資料の学習ポイント」を掲載しています。

資料関係で試験に出題されるのは、学科試験実施日の３～４か月前時点での情報です。試験対策として、試験の３～４か月前時点での最新情報を確認するようにしておきましょう。

各資料のURLも掲載していますので参考にしてください。

1　能力開発基本調査

◆参考サイト（厚生労働省）
https://www.mhlw.go.jp/toukei/list/104-1.html

(1) 資料の概要

厚生労働省。年1回公表（近年は5～6月末に公表されています）。

我が国の企業、事業所および労働者の能力開発の実態を正社員・正社員以外別に明らかにすることを目的とした調査です。

(2) 資料の内容

「企業調査」、「事業所調査」、「個人調査」の大きく3つのカテゴリーで構成されています。主な調査項目は以下の通りです。

① 企業調査
企業の概要、企業の教育訓練費用、従業員に対する能力開発の方針　等

② 事業所調査
事業所の概要、教育訓練の実施状況、人材育成、キャリア形成のための支援、職業能力評価の実施状況、技能継承　等

③ 個人調査
Off－JTの受講状況、自己啓発の実施状況、これからの職業生活設計　等

(3) 資料の学習ポイント

本資料は毎年60ページを超えるもので、かなりボリュームがあり、全

部読み込むのは大変そうに思えます。しかし、それぞれの調査項目の結果が文章と表にまとめられており、表のスペースがかなり大きいため、実際にはそこまでボリュームの多さを感じさせません。また、それぞれの表にざっと目を通すだけでも大まかな傾向がつかめます。

また、出題されやすい項目としては以下のものがあります。時間のない場合は、下記項目に関する部分についてだけでもチェックしておきましょう。

ちなみに、これら項目については「正社員」と「正社員以外」、それぞれについての状況や双方の実績比較、「実績」と「今後の見通し」、「業界」や「企業規模」ごとの比較などが問われることが多いです。

① 企業調査
- 教育訓練費用（Off－JT費用や自己啓発支援費用）の支出状況
- 教育訓練休暇制度の導入状況
- 教育訓練短時間勤務制度の導入状況

② 事業所調査
- OJTの実施状況
- キャリアコンサルティングを行う仕組みの導入状況

③ 個人調査
- Off－JTや自己啓発の実施状況

2　職業能力開発基本計画

◆参考サイト（厚生労働省）
概要：https://www.mhlw.go.jp/content/11801000/000760054.pdf
本文：https://www.mhlw.go.jp/content/11801000/000760059.pdf

（1）資料の概要

厚生労働省。5年に1回公表（最新のものは2021年3月に公表）。

能力開発基本計画は、職業訓練や職業能力評価など、職業能力の開発に関する基本となるべき計画を策定するものです。

（2）資料の内容

本資料は、第1部～第3部までの3部構成になっています。また、計画対象期間の5年間における職業能力開発施策の、「課題」、「方向性」、「具体的施策」を内容に含んでいます。計画の概要は次の3部構成です。

・第1部　総説
・第2部　職業能力開発をめぐる経済・社会環境の変化と課題
・第3部　職業能力開発の方向性と基本的施策

（3）資料の学習ポイント

資料は、ポイントをまとめた「概要」が1ページ。そして、本文である「基本計画」が40ページあります。「概要」も情報量が多く、ここに目を通しておくだけでも、ポイントはつかめるかと思います。特に、「今後の方向性」の部分は能力開発施策の方向性を示したものですので、一読しておきましょう。

≪今後の方向性≫

1．産業構造・社会環境の変化を踏まえた職業能力開発の推進

Society5.0の実現に向けた経済・社会の構造改革の進展を踏まえ、IT人材など時代のニーズに即した人材育成を強化するとともに、職業能力開発分野での新たな技術の活用や、企業の人材育成の強化を図る。

2．労働者の自律的・主体的なキャリア形成の推進

労働市場の不確実性の高まりや職業人生の長期化などを踏まえ、労働者が時代のニーズに即したスキルアップができるよう、キャリアプランの明確化を支援するとともに、幅広い観点から学びの環境整備を推進する。

3．労働市場インフラの強化

中長期的な日本型雇用慣行の変化の可能性や労働者の主体的なキャリア選択の拡大を視野に、雇用のセーフティネットとしての公的職業訓練や職業能力の評価ツールなどの整備を進める。

4．全員参加型社会の実現に向けた職業能力開発の推進

希望や能力等に応じた働き方が選択でき、誰もが活躍できる全員参加型社会の実現のため、全ての者が少しずつでもスキルアップできるよう、個々の特性やニーズに応じた支援策を講じる。

今回の第11次能力開発基本計画では、新型コロナウイルス感染症の影響によるデジタル技術の社会実装の進展や労働市場の不確実性の高まり、人生100年時代の到来による労働者の職業人生の長期化など、労働者を取り巻く環境が大きく変化していくことが予想されるという想定の下で策定されています。その時代背景を踏まえて策定されたことを知っておくと、計画の課題意識や志向する方向性を考えやすく、設問にも取り組みやすくなります。

また、今回の能力開発基本計画ではキャリアコンサルティングに関する記述も多くあります。キャリアコンサルタントの活動にもかかわる部分ですので、試験に出る・出ないにかかわらず、本文も一読しておくことをお勧めします。

3 労働力調査

◆参考サイト（総務省統計局）
https://www.stat.go.jp/data/roudou/index.html

（1）資料の概要

総務省。公表は資料により、毎月、四半期ごと、年・年度ごと。

我が国の就業・不就業の状況を把握するための調査です。

労働力調査の結果は,「基本集計」と「詳細集計」に分かれていて、「基本集計」では、「月次（全国結果）」、「四半期平均（全国・地域別結果）」、「年平均（全国・地域別結果）」、「年度平均（全国結果）」があり、「詳細集計」では、「四半期平均（全国結果）」、「年平均（全国結果）」があります。

（2）資料の内容

労働力調査の結果は,「基本集計」と「詳細集計」に分かれていて,それぞれ以下のような集計区分になっています。

■基本集計

労働力人口、就業者数・雇用者数（雇用形態別、産業別、職業別など）、就業時間、完全失業者数（求職理由別など）、完全失業率、非労働力人口など

■詳細集計

非正規を選んだ理由、転職者数、収入、仕事につけない理由、失業期間、就業希望の有無、未活用労働指標など

(3) 資料の学習ポイント

労働力調査には、「年平均」、「年度平均」、「四半期」、「月次」とありますが、どこからも出題される可能性があります。試験の３～４か月前に公表されたものが出題されることが多いので、試験日から逆算して該当時期の資料を確認しておきましょう。

調査結果によっては、詳しい内容を記した「概要」と併せて、ポイントをまとめた「要約」を公表しているものもあります。時間がない場合は「要約」だけでも目を通しておくと得点につながりやすいです。

また、労働力調査のホームページには「用語の解説」（https://www.stat.go.jp/data/roudou/definit.html）も掲載されています。特に、＜就業状態＞で解説されている用語（「労働力人口」、「完全失業者」など）は、その用語の意味を問う問題が出題されたこともありますので、併せて確認しておきましょう。

- **労働力人口**：15歳以上の人口のうち、「就業者」と「完全失業者」を合わせたもの
- **就業者**：「従業者」と「休業者」を合わせたもの
- **従業者**：調査週間中に賃金、給料、諸手当、内職収入などの収入を伴う仕事（以下「仕事」という）を１時間以上した者（家族従業者は、無給であっても仕事をしたとする）
- **休業者**：仕事を持ちながら、調査週間中に少しも仕事をしなかった者のうち、雇用者で、給料・賃金（休業手当を含む）の支払を受けている者または受けることになっている者等
- **完全失業者**：次の３つの条件を満たす者
    - 仕事がなくて調査週間中に少しも仕事をしなかった（就業者ではない）。
    - 仕事があればすぐ就くことができる。
    - 調査週間中に、仕事を探す活動や事業を始める準備をして

いた（過去の求職活動の結果を待っている場合を含む）。

・**非労働力人口**：15歳以上の人口のうち、「就業者」と「完全失業者」以外の者

・**労働力人口比率**：15歳以上の人口に占める「労働力人口」の割合

・**就業率**：15歳以上の人口に占める「就業者」の割合

・**完全失業率**：「労働力人口」に占める「完全失業者」の割合

4　その他労働市場に関する資料

労働市場に関する資料は多岐にわたります。ここでは、キャリアコンサルティングに関連が深い資料についてまとめてご紹介します。

(1) 一般職業紹介状況（職業安定業務統計）

◆参考サイト（厚生労働省）
https://www.mhlw.go.jp/toukei/list/114-1.html

厚生労働省。月1回公表（毎月月末頃に公表されます）。

公共職業安定所における求人、求職、就職の状況（新規学卒者を除く）を取りまとめたものです。

内容を取りまとめた「報道発表資料」は毎回10ページ程度のものです。ただ、詳細な知識まで問われることは少ないです。有効求人倍率・新規求人倍率、そして、それらの推移などがポイントになるため、最初のページの有効求人倍率・新規求人倍率の結果、そして求人、求職および求人倍率の推移の表だけでも押さえておきましょう。

また、有効求人倍率、新規求人倍率など言葉の定義も併せて確認をしておきましょう。主要な用語は以下の通りです。

- **新規求職申込件数**：期間中に新たに受け付けた求職申込みの件数をいう。
- **月間有効求職者数**：前月から繰越された有効求職者数（前月末日現在において、求職票の有効期限が翌月以降にまたがっている就職未決定の求職者をいう）と当月の「新規求職申込件数」の合計数をいう。
- **新規求人数**：期間中に新たに受け付けた求人数（採用予定人員）をいう。

・**月間有効求人数**：前月から繰越された有効求人数（前月末日現在において、求人票の有効期限が翌月以降にまたがっている未充足の求人数をいう）と当月の「新規求人数」の合計数をいう。
・**求人倍率**：求職者に対する求人数の割合をいい、「新規求人数」を「新規求職申込件数」で除して得た「新規求人倍率」と、「月間有効求人数」を「月間有効求職者数」で除して得た「有効求人倍率」の２種類がある。

(2) 毎月勤労統計調査

◆参考サイト（厚生労働省）
https://www.mhlw.go.jp/toukei/list/30-1a.html

厚生労働省。月１回（月別調査）年１回（年結果・年度結果）公表。

雇用、給与および労働時間について、「全国調査」はその全国的変動を毎月明らかにすることを、「地方調査」はその都道府県別の変動を毎月明らかにすることを目的とした調査です。

調査には「全国調査」と「地方調査」があり、毎月公表される「月別調査」、年１回公表される「年結果」、「年度結果」、そして、夏季と年末の「賞与の結果」があります（「年度結果」、「賞与の結果」は全国調査のみ）。

■全国調査…常用労働者を５人以上雇用する事業所の雇用、給与および労働時間について全国的変動を明らかにすることを目的とした調査
■地方調査…全国調査と同じ事項について都道府県別の変動を明らかにすることを目的とした調査

主要な調査内容は以下の通りです。

産業別、事業所規模別、一般労働者およびパートタイム労働者別
- ・一人平均月間現金給与額
- ・一人平均月間実労働時間数
- ・労働者数
- ・名目賃金指数およびその増減率
- ・実質賃金指数およびその増減率
- ・労働時間指数およびその増減率
- ・常用雇用指数およびその増減率
- ・パートタイム労働者比率　など

また、「全国調査」および「地方調査」を補完する小規模事業所の雇用、給与および労働時間の実態を明らかにする「毎月勤労統計調査（特別調査）」というものもあります（https://www.mhlw.go.jp/toukei/list/31-1.html）。

資料が多岐にわたるので、どこまで読み込むのか悩ましいところです。全てに目を通すのが難しい場合は、それぞれの資料の「概況」や「報道用資料」の１ページ目に調査結果の要約が載っていますので、試験の３～４か月前に公表された資料の１ページ目の要約内容だけでも押さえておきましょう。

（3）就業構造基本調査

◆参考サイト（総務省統計局）
https://www.stat.go.jp/data/shugyou/2022/index.html（令和４年調査）

総務省。５年に１回公表。（直近は令和５年７月）
国民の就業及び不就業の状態を調査した資料です。令和４年の調査結果については、「結果の要約」と、「結果の概要」があり、「結果の概要」

には、以下の①～⑨の項目が掲載されています（◆は、調査結果のポイントをまとめたものです）。

① **15歳以上人口の就業状態**

◆2022年（令和４年）10月１日現在の有業者は6,706万人、無業者は4,313万人

◆５年前に比べ有業者は85万人増加、無業者は163万人減少

◆有業率は60.9％（５年前に比べ1.2ポイント上昇）

② **従業上の地位・雇用形態、年間就業日数及び週間就業時間**

◆有業者を従業上の地位別にみると、「自営業主」は511万人、「雇用者」は6,077万人

◆会社などの役員を除く雇用者に占める割合をみると、「正規の職員・従業員」が63.1％で５年前に比べ1.3ポイント上昇している一方、「非正規の職員・従業員」が36.9％で５年前に比べ1.3ポイント低下

③ **産業及び職業**

◆産業大分類別の構成比をみると、５年前に比べ「医療、福祉」が1.1ポイントの上昇で最も上昇

◆一方、「卸売業、小売業」が0.9ポイントの低下で最も低下

◆職業大分類別の構成比をみると、５年前に比べ「専門的・技術的職業従事者」が2.1ポイントの上昇で最も上昇

◆一方、「生産工程従事者」が1.0ポイントの低下で最も低下

④ **テレワーク実施の有無・頻度及びテレワーク実施の場所**

◆テレワークを「実施した」者は1,265万人で、有業者に占める割合は19.1％

◆テレワーク実施の頻度（年間）は「20％未満」（654万人）が最も多く、テレワーク実施の場所は「自宅」（1,185万人）が最も多い。

◆「実施した」割合が最も高い職業は「専門的・技術的職業従事者」

⑤ **副業がある者及び追加就業希望者**

◆非農林業従事者のうち副業がある者は305万人で、５年前に比べ60万人増加

◆副業者比率は4.8％で、５年前に比べ0.9ポイントの上昇

◆非農林業従事者のうち追加就業希望者は493万人で、５年前に比べ93万人増加

◆追加就業希望者比率は7.8％で、５年前に比べ1.3ポイントの上昇

⑥　**フリーランスの数**

◆本業がフリーランスの数は209万人で、有業者に占める割合は3.1％

◆年齢階級別にみると、「45～49歳」が24万人で最も多い。

◆産業大分類別に有業者に占める割合をみると、「学術研究、専門・技術サービス業」が13.5％で最も高い。

◆都道府県別に有業者に占める割合をみると、東京都が4.2％、次いで神奈川県及び京都府が3.6％

⑦　**育児をしている者及び介護をしている者の就業状態**

◆育児をしている者は965万人で、うち有業者は821万人

◆５年前に比べ、育児をしている者に占める有業者の割合は5.9ポイントの上昇

◆介護をしている者は629万人で、うち有業者は365万人

◆５年前に比べ、介護をしている者に占める有業者の割合は2.8ポイントの上昇

⑧　**転職就業者及び離職非就業者**

◆転職就業者は1,246万人で、５年前に比べ19万人増加

◆離職非就業者は749万人で、５年前に比べ33万人減少

◆「労働条件が悪かったため」に前職を離職した者は233万人で最も多い。

◆「自分に向かない仕事だった」ために前職を離職した者は、５年前に比べ25万人増加

⑨　**就業希望者及び非就業希望者**

◆無業者のうち就業希望者は783万人、無業者に占める割合は18.3％

◆就業希望者の求職期間で最も多いのは「１か月未満」で109万人

◆非就業希望者の非就業希望理由は「高齢のため」が1,837万人で最も多い。

「結果の概要は」60ページ以上とボリュームがありますが、33ページ

以降は統計表や用語の解説となっています。前半の本文の部分を中心に目を通しておく、もしくは、時間がない場合は「結果の要約」だけでも目を通しておくと概要がつかめるかと思います。

この就業構造基本調査は5年に1度の公表で、前回は平成29年の調査です。前回の就業構造基本調査もしばしば出題されていたので、今回新たな情報が公表されたことで、出題される可能性があるかもしれません。

(4) 雇用均等基本調査

◆参考サイト(厚生労働省)
https://www.mhlw.go.jp/toukei/list/71-23.html

厚生労働省。年1回公表(7月末ごろ公表)。

雇用均等基本調査は、男女の雇用均等問題に関する雇用管理の実態を把握するための調査です。調査は、「企業調査」と「事業所調査」があり、それぞれ以下の項目について調査をしています。

(1) 企業調査

正社員・正職員の状況、正社員・正職員の採用状況、管理職について、セクシュアルハラスメント防止対策について、妊娠・出産・育児休業等に関するハラスメント防止対策について、パワーハラスメント防止対策について

(2) 事業所調査

育児休業制度の内容および利用状況、働きながら子の養育を行う労働者に対する援助の措置に関する事項、介護休業制度に関する事項、育児・介護休業取得中の労働条件等の取扱い、多様な正社員制度の有無および利用状況

本文である「調査の概要」は毎回100ページを超えるボリュームがあ

ります。読み込む時間が取れないという場合は、公表時のプレスリリースである「報道用発表資料」として、ポイントが１枚にまとめられていますので、その部分だけでも目を通しておくとよいでしょう。

(5) 賃金構造基本統計調査

◆参考サイト（厚生労働省）
https://www.mhlw.go.jp/toukei/list/chinginkouzou.html

厚生労働省。年１回公表（令和４年度は令和５年３月公表）。

主要産業に雇用される労働者について、その賃金の実態を労働者の雇用形態、就業形態、職種、性、年齢、学歴、勤続年数、経験年数別等に明らかにするための調査です。

主要な調査内容としては以下の通りです。

■事業所にかかる事項

事業所の名称および所在地ならびに法人番号、主要な生産品の名称または事業の内容、事業所の雇用形態別労働者数、企業全体の常用労働者数

■労働者にかかる事項

性、雇用形態、就業形態、最終学歴、新規学卒者への該当性、年齢、勤続年数、役職、職種、経験年数、実労働日数、所定内実労働時間数、超過実労働時間数、きまって支給する現金給与額、超過労働給与額、昨年１年間の賞与、期末手当等特別給与額、在留資格

資料は、「報道発表用資料」（１ページ）、「概況」（20ページ強）が公表されています。

詳細をつかむには「概況」にも目を通しておきたいところですが、「報道発表用資料」には調査結果のポイントがまとめられていますので、時間がない場合はここだけでも目を通しておきましょう。

5 年次経済財政報告

◆参考サイト（内閣府）

https://www5.cao.go.jp/keizai3/whitepaper.html

(1) 資料の概要

内閣府。年１回公表（公表時期はその年によりまちまち）。

我が国の経済財政の現状を総合的に分析し、日本経済が抱える課題の解決に資することを目的に作成されるものです。ここ数年、学科試験に出されるようになってきました。２級学科試験だけでなく、国家資格試験、１級試験でも出題されています。最近の頻出資料の一つです。

(2) 資料の内容

資料の内容はその年度ごとのテーマと、そのテーマにまつわる現状と課題についてまとめたものです。以下は、近年公表された経済財政報告の概要です。

■令和４年度年次経済財政報告

－人への投資を原動力とする成長と分配の好循環実現へ－（令和４年７月29日）

https://www5.cao.go.jp/j-j/wp/wp-je22/index_pdf.html

第１章　経済財政の動向と課題

第２章　労働力の確保・質の向上に向けた課題

第３章　成長力拡大に向けた投資の課題

■令和３年度年次経済財政報告

－レジリエントな日本経済へ：強さと柔軟性を持つ経済社会に向けた

変革の加速－（令和３年９月24日）

https://www5.cao.go.jp/j-j/wp/wp-je21/index_pdf.html

第１章　我が国経済の現状とマクロ面の課題

第２章　企業からみた我が国経済の変化と課題

第３章　雇用をめぐる変化と課題

■令和２年度年次経済財政報告

－コロナ危機：日本経済変革のラストチャンス－（令和２年11月６日）

https://www5.cao.go.jp/j-j/wp/wp-je20/index_pdf.html

第１章　新型コロナウイルス感染症の影響と日本経済

第２章　感染症拡大の下で進んだ柔軟な働き方と働き方改革

第３章　女性の就業と出生を巡る課題と対応

(3) 資料の学習ポイント

資料は１～３章で構成され、総ページ数は200ページを超え、ボリュームはかなり多いです。出題はされても１問程度なので、勉強するべきか悩ましいところです。

時間はあまりないけれども、少しでも目を通しておきたいという場合は、本文の（小）見出しの太字の部分、図表・グラフの説明（結論）と大まかな形状だけでも確認しておくと概要がつかめます。

また、その年度ごとのサブタイトルと各章のタイトルから報告書の関心のありかを垣間見ることはできるので、本当に時間がないけれども全く何もしないのも気がかりで仕方ないという場合は、これらについてだけでも確認しておきましょう。

6 労働経済の分析

◆参考サイト（厚生労働省）
https://www.mhlw.go.jp/toukei_hakusho/hakusho/

(1) 資料の概要

厚生労働省。年１回公表（９月頃に公表されることが多い。令和２年版は公表なし）。

労働経済白書ともいわれています。労働経済白書は、一般経済や雇用、労働時間などの現状や課題について、統計データを活用して分析する報告書です。

これまでの学科試験では頻繁に出題され、最頻出の資料の一つでした。最近は、令和２年度に公表がなかったことなどもあってか出題がありませんでしたが、やはり重要資料ということでご紹介します。

(2) 資料の内容

本文は２部構成になっています。１部は「労働経済の推移と特徴」、そして、２部ではその年度ごとの「分析テーマ」についての記述がなされています。

以下は、近年公表された労働経済の分析の概要です。

■令和４年版　労働経済の分析

−労働者の主体的なキャリア形成への支援を通じた労働移動の促進に向けた課題−

第Ⅰ部　労働経済の推移と特徴

第Ⅱ部　労働者の主体的なキャリア形成への支援を通じた労働移動の促進に向けた課題

■令和３年版　労働経済の分析

－新型コロナウイルス感染症が雇用・労働に及ぼした影響－

第Ⅰ部　労働経済の推移と特徴

第Ⅱ部　新型コロナウイルス感染症の感染拡大が労働者の働き方に及ぼした影響に関する課題

■令和元年版　労働経済の分析

－人手不足の下での「働き方」をめぐる課題について－

第Ⅰ部　労働経済の推移と特徴

第Ⅱ部　人手不足の下での「働き方」をめぐる課題について

(3) 資料の学習ポイント

労働経済白書の「本文」は300ページほどにもなり、かなり大量です。しかし、それを要約した「概要版」、さらにそれをまとめた「ポイント（骨子）」といった資料も公表されています。近年は「動画版」も公表されています。

問題は「概要版」から出される場合が多いです。「概要版」では考察の要点を文章でまとめてくれていますので、その内容を押さえておくとよいでしょう。それでもどうしても時間がないときには、「ポイント（骨子）」だけでも押さえておくようにしたいところです。

7 人づくり革命基本構想

◆参考サイト（首相官邸）
https://www.kantei.go.jp/jp/content/000023186.pdf

(1) 資料の概要

首相官邸 人生100年時代構想会議。平成30年６月公表。

「人づくり革命」と銘打ったこの構想で取り上げているのは、人材への投資です。

人生100年時代を迎えるにあたり、高齢者から若者まで、全ての国民に活躍の場があり、元気に活躍し続けられる社会、安心して暮らすことのできる社会を作るため、人材への投資を行う、その方向性と施策をまとめたものです。

(2) 資料の内容

本文は「基本構想の考え方」と「人づくり革命」の具体的な内容で構成されています。

「人づくり革命」の対象として挙げられているのは、大きく次の５つの分野です。

① 幼児教育の無償化
② 高等教育の一部無償化
③ 大学改革
④ リカレント教育
⑤ 高齢者雇用の促進

上記の中で、特にキャリアコンサルティングと関連が深いものは、

「④ リカレント教育」と「⑤ 高齢者雇用の促進」です。

(3) 資料の学習ポイント

この資料は、本文12ページ程度とそれほど量は多くないですが、まずはキャリアコンサルティングと関連が深い「リカレント教育」と「高齢者雇用の促進」の具体的な内容を押さえておきましょう。

■リカレント教育

リカレント教育に関しては、以下の施策が提言されています。

① 教育訓練給付の拡充
- 専門実践教育訓練給付（７割助成）：対象講座の拡大
- 一般教育訓練給付：対象講座の拡大、一部給付率の倍増、など
- 単位累積加算制度の活用

② 産学連携によるリカレント教育
- 先行分野におけるプログラム開発
- 技術者のリカレント教育
- 在職者向け教育訓練の拡充
- 実務家教員育成のための研修
- 生産性向上のためのコンサルタント人材の養成
- 長期の教育訓練休暇におけるリカレント教育に対する助成

③ 企業における中途採用の拡大

また、ここでは、リカレント教育による職業能力の向上と、それによってキャリアアップ・キャリアチェンジが可能となる社会を作っていく必要性についても言及しています。

■高齢者雇用の促進

一方、高齢者雇用の促進に関しては、以下の施策が提言されています。

・65 歳以上の継続雇用年齢の引上げに向けた環境整備

・高齢者の雇用促進策

・公務員の定年の引上げ

8　成長戦略実行計画

◆参考サイト（内閣官房）
https://www.cas.go.jp/jp/seisaku/seicho/pdf/ap2021.pdf（令和３年版）
https://www.cas.go.jp/jp/seisaku/seicho/kettei.html（過去の成長戦略）

（1）資料の概要

内閣官房。令和３年６月公表。

「成長戦略実行計画」は成長戦略に関するテーマについて取りまとめたもので、最新のものは令和３年６月に公表されたものです。学科試験ではこの令和３年のものが出題されています。新しいものが公表されたら、そちらから出題されることも考えられますので、最新のものをチェックしておきましょう。

（2）資料の内容

令和３年公表の「成長戦略実行計画」の内容は以下の通りです。

全文38ページの中で言及されている範囲は多岐にわたります。その分一つひとつの項目についての記述は多くないので、目次を眺めるだけでも全体像がつかめます。

第１章　新たな日常に向けた成長戦略の考え方
第２章　新たな成長の原動力となるデジタル化への集中投資・実装とその環境整備
第３章　グリーン分野の成長
第４章　グリーン成長戦略に向けた新たな投資の実現

第５章　「人」への投資の強化
第６章　経済安全保障の確保と集中投資
第７章　ウィズコロナ・ポストコロナの世界における我が国企業のダイナミズムの復活～スタートアップを生み出し、かつ、その規模を拡大する環境の整備
第８章　事業再構築・事業再生の環境整備
第９章　新たな成長に向けた競争政策等の在り方
第10章　足腰の強い中小企業の構築
第11章　イノベーションへの投資の強化
第12章　コーポレートガバナンス改革
第13章　重要分野における取組
第14章　地方創生
第15章　新たな国際競争環境下における活力ある日本経済の実現
第16章　フォローアップ

(3) 資料の学習ポイント

本資料の内容は多岐にわたりますが、キャリアコンサルティングと特に関連が深いのは、「第５章「人」への投資の強化」です。この部分（３ページ）だけでもしっかりと目を通しておくと得点につながりやすいです。具体的な内容は以下の通りです。

時間のない方は、下記の項目だけでも見ておくと、「人」への投資として、どこを目指しているのかがわかり、解答にも役立ちます。

第５章「人」への投資の強化
１．フリーランス保護制度の在り方
２．テレワークの定着に向けた取組
３．兼業・副業の解禁や短時間正社員の導入促進などの新しい働き方の実現
４．女性・外国人・中途採用者の登用などの多様性の推進

5．人事評価制度の見直しなど若い世代の雇用環境の安定化
6．労働移動の円滑化
7．ギガスクール構想の推進による個別最適な学びや協働的な学びの充実
8．全世代型社会保障改革の方針の実施

9 キャリアコンサルタントの能力要件の見直し等に関する報告書

◆参考サイト（厚生労働省）
https://www.mhlw.go.jp/stf/houdou/0000199219.html

（1）資料の概要

厚生労働省。平成30年３月26日公表。

この報告書は、キャリアコンサルタントに期待される役割を踏まえ、求められる知識・技能に関する能力要件の提言、キャリアコンサルタントのさらなる活躍に向けた課題の提示、問題解決のための提言などを盛り込んだものです。

（2）資料の内容

本文は３部構成になっています。「検討の背景及び考え方」では能力要件見直しの背景や考え方について、「能力要件の見直しについて」では具体的な能力要件の見直しの方向性について、「キャリアコンサルタント登録制度の枠組みや位置付けとの関連も含めて今後検討するべき事項について」では今後の検討課題について記述がなされています。

1　検討の背景及び考え方
2　能力要件の見直しについて
3　キャリアコンサルタント登録制度の枠組みや位置付けとの関連も含めて今後検討するべき事項について

(3) 資料の学習ポイント

「報告書」の本文（16ページ）、とその概要（1ページ）、さらにそれらをまとめた「キャリアコンサルタントの能力要件の見直し概要」（3ページ）の3つの資料が公開されています。ここでは、「キャリアコンサルタントの能力要件の見直し概要」から、本報告書における能力要件の見直しの背景と拡充強化すべき知識・技能について押さえておきましょう。

（1）見直しの背景・考え方

キャリアコンサルタントが、従前からの就職支援という観点に止まらず、一人ひとりのキャリア自立の観点から、職業生涯にわたる職業生活設計に関わる支援の役割を、より確実に、幅広く担うための能力習得への対応。

（2）キャリアコンサルタントの役割の拡大・深化

① 非正規の若者、子育て女性、シニア等、労働者各層が直面する、また仕事と治療の両立等のキャリア形成上の具体的な課題解決への貢献

② 職業生活設計に即した学び直しの具体の機会への結び付け、そのキャリア形成上の活用等のガイダンス

③ 企業の人材育成方針を踏まえ、人事部局、マネージャー等とも連携した、企業内での効果的なキャリア支援の仕組み（セルフ・キャリアドック等）整備、担い手としての役割発揮

④ 上記諸点を含め、労働者のキャリアを巡る様々な変化等の理解を踏まえた、支援対象者の主体性を尊重した、実践的で安定感のあるキャリア支援の展開、普及

（3）拡充強化すべきもの

① セルフ・キャリアドック等の企業におけるキャリア支援の実施

に関する知識・技能

② リカレント教育等による個人の生涯にわたる主体的な学び直しの促進に関する知識・技能

③ 職業生涯の長期化、仕事と治療、子育て・介護と仕事の両立等の課題に対する支援に関する知識・技能

④ クライアントや相談場面の多様化への対応に関する知識・技能

これらの内容は、養成講習や各種検定の内容に反映されています。

「働き方改革」や「人生100年時代構想」をはじめとした新たな政策的課題に対応した役割を的確に担うことができるキャリアコンサルタントの養成および質の向上が期待されています。また、ここでご紹介した内容は、当報告書のまとめであると同時に、これからのキャリアコンサルタントに求められている知識や技能を表したものでもあります。試験では「報告書」についての知識として上記の内容を理解しているかが問われるだけでなく、この試験そのものがキャリアコンサルタントとして、これら知識や技能を習得できているかが問われている、という意味でも重要な資料になります。

3 キャリアに関する理論の知識 ～頻出理論家と新たな兆候を理解する

キャリア理論は、学科試験における重要ポイントです。「キャリアに関する理論」として毎回５問程度、そして、それ以外の「中高年齢期を展望するライフステージ及び発達課題の知識」、「人生の転機の知識」などの関連で出題があり、合計10問近く出題される可能性があります。

出題の特徴は、同じ理論家が毎回のように出題されていることです。まずは、下記の頻出分野一覧を参考に、頻出の理論家についての知識をしっかりと固めておきましょう。また、これまで１回しか出題されていない理論家でも、これからの出題トレンドになる可能性があります。過去問は過去の出題を知ることはできますが、これからのことは予測できません。知らない問題を「捨て問」にすることも一つの手段ですが、これからの試験で安定的に点数を得るためには出題トレンドの兆候をつかんでおくことも役に立ちます。

そこで、頻出の理論家についての詳細な情報は他書に委ねて、本書ではこれからのために知っておいたほうがよいと思われる理論家を取り上げます。

(1) 頻出理論家の確認

「これからのために」と言いましたが、その前提として頻出の理論家について確認しておきましょう。特に、理論に関する問題ではまず押さえておくべきポイントになります。次の表は、出題範囲の改正があった第25回試験以降の頻出理論家をまとめたものです（設問ごとに１回と計算しています）。

理論家名	合計	第25回	第26回	第27回	第28回	第29回
スーパー（Super, D. E.）	11	2	1	5	1	2
シュロスバーグ（Schlossberg, N. K.）	8	1	1	2	2	2
シャイン（Schein, E. H.）	7	1	2	1	2	1
ブリッジス（Bridges, W.）	6	1	1	1	2	1
ホール（Hall, D. T.）	5	1		2	1	1
クランボルツ（Krumboltz, J. D.）	5	1	1	1	1	1
ホランド（Holland, J. L.）	4	1		1	1	1
ギンズバーグ（Ginzberg, E.）	4	2			1	1
エリクソン（Erikson, E. H.）	4	1		1	1	1
サビカス（Savickas, M. L.）	3	1	1		1	
ハンセン（Hansen, L. S.）	3	1			1	1
レヴィン（Lewin, K.）	3	1			2	
ハヴィガースト（Havighurst, R. J.）	3	1			1	1
ヒルトン（Hilton, T. L.）	2	1	1			
パーソンズ（Parsons, F.）	2	1				1
ロジャーズ（Rogers, C. R.）	2	1	1			
バンデューラ（Bandura, A.）	2		1		1	
マズロー（Maslow, A. H.）	2		1	1		

ハーズバーグ （Herzberg, F.）	2		1	1		
アイビイ（Ivey, A. E.）	2		1	1		
ロー（Roe, A.）	1	1				
リピット＆ホワイト （Lippitt, R. & White, R. K.）	1	1				
モレノ（Moreno, J. L.）	1	1				
ベック（Beck, A. T.）	1	1				
アルダファ （Alderfer, C. P.）	1		1			
マクレランド （McClelland, D. C.）	1		1			
レビンソン （Levinson, D. J.）	1		1			
國分康孝	1		1			
ウォルピ（Wolpe, J.）	1		1			
ピーヴィ （Peavy, R. V.）	1		1			
ハックマン （Hackman, J. R.）	1			1		
ユング（Jung, C. G.）	1			1		
カーカフ （Carkhuff, R. R.）	1			1		
ウィリアムソン （Williamson, E. G.）	1				1	
ジェラット （Gelatt, H. B.）	1				1	
ワッツ（Watts, A. G.）	1					1
ゴットフレッドソン （Gottfredson, L. S.）	1					1
フアド（Fouad, N. A.）	1					1
デシ（Deci, E. L.）と ライアン（Ryan, R. M.）	1					1

出題傾向のポイントとして、まず、一つ目の特徴は、同じ理論家が毎回のように出題されていることです。同じ回の試験に複数の設問にまたがって登場している理論家もいます。第27回は、スーパーに関する問題が5つも出ていました。これは極端な例にしても、やはりまずは頻出の理論家について、その内容をしっかりと押さえておくことが必要です。

そして、もう一つの特徴として、あまりなじみのない（場合によっては今まで見たことがない）理論家が突如登場する（しかも、同時に複数名）ことです。こうした登場の仕方は、あるテーマに関連した出題である場合が多く、第29回の「文化や社会に配慮したキャリア形成理論」に関する設問などがその例です。

キャリア理論も時代の流れとともに新たなものが登場するなど、変遷があります。このような出題は、その流れを反映したものであり、これから出題が増えてくるものかもしれません。「一度だけだから、捨て問でもいいか」と割り切るのも一つの考え方かもしれませんが、「試験に出題されてるのだから、どういうものか確認しておこう」というくらいの心構えのほうが試験対策としても、キャリアコンサルタントとしてのあり方としても望ましい結果につながりそうです。

(2) 頻出理論家のまとめ

まずは、頻出分野について基礎的な知識を定着させておきましょう。次の表は、主要なキャリア理論について、その提唱者（理論家）と理論のポイントをまとめたものです。これらの内容については、基礎知識として理解しておきたいところです。わからないところや理解を深めたいところについては、養成講座や国家資格試験のテキストで確認をしておきましょう。

なお、ここでは関連情報として、主要なカウンセリング理論についてもまとめていますので、併せて確認しておきましょう。また、これらの表は試験前の知識のおさらい、チェックリストとしても使えますので、ぜひ活用してくださいね。

■ キャリア理論

理論家名	理論のポイント
パーソンズ	・特性因子理論（マッチング理論） ・『職業の選択』を刊行 ・「丸いクギは丸い穴に」
ウィリアムソン	・特性因子カウンセリング ・分析、総合、診断、予後、処置、追指導
ホランド	・職業選択理論 ・６角形モデル（RIASEC） ・スリー・レター・コード ・職業興味検査（VPI）、職業レディネステスト（VRT）
プレディガー	・ワークタスク・ディメンション（データ⇔アイデア、人⇔モノ）
ギンズバーグ	・職業発達理論 ・理論の修正（「」が修正部分） （修正前） ①　職業選択は、一般的に「10年以上かかる」発達的プロセス ②　職業選択のプロセスは「非可逆的」 ③　職業選択は、個人的要因と現実的要因の「妥協」に終わる （修正後） ①「生涯にわたる」 ②「後戻りも可能（コストはかかる）」 ③「最適化のプロセス」 ・空想期（～11歳）、試行期（11～17歳）、現実期（17歳～20代前半）
スーパー	・自己概念 ・ライフステージ（成長、探索、確立、維持、解放） ・マキシサイクルとミニサイクル ・ライフロール（子ども、学生、余暇人、市民、労働者、年金生活者、配偶者、家庭人、親） ・ライフ・キャリア・レインボー ・アーチモデル

シャイン	・内的キャリア・外的キャリア ・組織の三次元モデル（職能、階層、中心性） ・キャリア・サイクル ・キャリア・アンカー（専門・職能別、全般管理、自律・独立、保障・安定、起業家的創造性、純粋な挑戦、奉仕・社会献身、生活様式） ・キャリア・サバイバル
ジェラット	・意思決定システム（予測システム→価値システム→決定システム） ・連続的意思決定プロセス ・積極的不確実性
ヒルトン	・キャリアの意思決定モデル ・認知的不協和理論
ティードマン	・「区別化」と「統合化」 ・意思決定のプロセス（「予期」と「実行」）
バンデューラ	・社会的学習理論 ・自己効力感 ・自己効力を高める４つの情報源（成功体験、代理体験、言語的説得、情緒的喚起） ・モデリング ・モデリングの４つの過程（注意過程、保持過程、運動再生過程、動機付け過程） ・機会遭遇理論
クランボルツ	・社会的学習理論 ・職業選択に影響を与える４つの要素（先天的資質、環境条件と出来事、学習経験、課題アプローチスキル） ・計画された偶発性理論（プランド・ハプンスタンス理論） ・偶然をキャリアに活かすための５つのスキル（好奇心、持続性、柔軟性、楽観性、冒険心）

ホール	・関係性アプローチ ・プロティアン・キャリア ・２つのメタ・コンピテンシー（アイデンティティとアダプタビリティ） ・伝統的キャリアとの違い ・心理的成功
ハンセン	・統合的人生計画（ILP） ・人生をキルト（パッチワーク）に例える ・人生の４つの要素（４Ｌ：「仕事（Labor）」、「学習（Learning）」、「余暇（Leisure）」、「愛（Love）」） ・６つの人生課題
シュロスバーグ	・トランジションの３類型（予測していたことが起こる、予測していなかったことが起こる、予測していたことが起こらない） ・トランジション：人生役割、人間関係、日常生活、自己概念が変化 ・トランジションへの対処（４Ｓ点検。４Ｓ＝状況（Situation）、自己（Self）、支援（Support）、戦略（Strategies））
ブリッジス	・トランジション・プロセス（何かが終わるとき→中立圏（ニュートラルゾーン）→何かが始まるとき）
ニコルソン	・トランジション４サイクル・モデル（準備→遭遇→適応→安定化…） ・サイクルを回りながら螺旋的に上昇
エリクソン	・ライフサイクル理論（８段階。発達段階と発達課題）乳児期（基本的信頼 対 不信）、幼児前期（自律性 対 恥・疑惑）、幼児後期（自主性 対 罪悪感）、学童期（勤勉性 対 劣等感）、青年期（同一性 対 同一性拡散）、成人期（親密性 対 孤立）、壮年期（生殖性 対 停滞）、老年期（統合性 対 絶望） ・アイデンティティ（自我同一性） ・モラトリアム

レビンソン	・人生を「四季」に例える ・発達段階説（「安定期」と「過渡期」） ・成人への過渡期（「アパシー」、「離人感」） ・30歳の過渡期（「焦燥感」と「さまよい」） ・人生半ばの過渡期（価値観崩壊。基本的対立の統合） ・老年への過渡期
レヴィン	・マージナルマン（辺境人、周辺人）
ハヴィガースト	・「発達課題」を提唱 ・発達段階（6段階）

■ カウンセリング理論

理論／理論家名	理論のポイント
フロイト	・精神分析 ・無意識の発見 ・局所論（意識、前意識、無意識） ・構造論（イド（エス）、エゴ（自我）、スーパーエゴ（超自我）） ・発達段階（口唇期、肛門期、男根期、潜伏期、性器期） ・防衛機制 ・転移と逆転移
ロジャーズ	・来談者中心療法 ・経験と自己概念（一致、否認、歪曲） ・自己一致、無条件の肯定的配慮、共感的理解 ・PCA（パーソン・センタード・アプローチ） ・非構成的エンカウンター（ベーシックエンカウンター）
エリス	・論理療法 ・非合理な信念（イラショナルビリーフ） ・ABC（DE）理論（出来事（A：Activating event）、信念（B：Belief system）、結果（C：Consequence）、論駁（D：Dispute）、効果（E：Effect））
ベック	・認知療法 ・認知のゆがみ ・自動思考 ・スキーマ
グラッサー	・現実療法（リアリティ・セラピー） ・選択理論
パブロフ	・古典的条件付け（レスポンデント条件付け）
スキナー	・スキナー箱（道具的条件付け（オペラント条件付け）。強化と罰）
ウォルピ	・系統的脱感作（不安階層表作成、弛緩訓練、脱感作） ・アサーション・トレーニング（主張訓練法）

行動療法の技法	・嫌悪療法 ・暴露療法 ・シェイピング法 ・トークン・エコノミー法
認知行動療法	・認知、行動、感情、身体の相互作用 ・認知再構成法 ・問題解決法 ・行動活性化法 ・ソーシャル・スキル・トレーニング（SST：Social Skills Training）
ユング	・ライフサイクル論（人生を太陽の動きになぞらえて考えた） ・人生の正午
アドラー	・アドラー心理学 ・個人心理学 ・劣等感 ・勇気付け ・共同体感覚
バーン	・交流分析 ・構造分析（CP、NP、A、FC、AC） ・交流パターン分析（相補的交流、交差的交流、裏面的交流） ・ゲーム分析 ・脚本分析（人生脚本） ・エゴグラム（デュセイ）
パールズ	・ゲシュタルト療法 ・「今、ここ」での気づき ・ホットシート、未完の行為、エンプティ・チェア
フランクル	・『夜と霧』著者 ・ロゴテラピー ・限界状況においても「意志の自由」を持つ
家族療法	・システムズアプローチ ・円環的因果律

國分康孝	・構成的グループ・エンカウンター ・コーヒーカップモデル
森田正馬	・森田療法 ・「あるがまま」
吉本伊信	・内観療法 ・「してもらったこと」、「して返したこと」、「迷惑をかけたこと」

(3) 本節で取り上げる理論（家）について

既存の国家資格試験向けのテキストなどで取り上げられている理論（家）の詳細な説明については、そちらに譲ることにして、本書では、そこからさらに2級技能士としての対応の幅を広げるための内容をご紹介します。

まず、近年の新しい理論群として、「ナラティブ・アプローチ」、「文化や社会に配慮したキャリア形成支援」について、関連する主要な理論（家）をまとめました。また、第26回試験をはじめ、しばしば出題されている「動機付け理論」については、少し幅広く取り上げて整理を試みました。そして、最近の試験で名前が出された理論家や、新しい理論として知っておくとよいと考えられるものについても「その他」として取り上げます。

1 ナラティブ・アプローチ

21世紀に入り、社会経済状況をはじめ、個人のキャリア形成を取り巻く環境がますます大きく変化する中で、注目されるようになったのがナラティブ・アプローチです。

中でも、「キャリア構築理論」を唱えたサビカスが有名です。サビカスはこれまでの学科試験においても最頻出理論家の一人ですので、よくご存じの方も多いと思います。しかし、サビカス以外にもこの理論群を形作ってきた理論家たちがいます。ここでは、その代表的な理論家たちについて今一度整理します。

(1) ジェプセン

ジェプセン（Jepsen, D. A.）はキャリアを物語として捉え、キャリアはノンフィクションの仕事経験小説だとしています。

キャリアを小説と表現したのは、キャリアには小説と共通した以下のような要素があるからです。

① キャリアには著者がいる。
② キャリアは時の経過とともに進展する。
③ キャリアはある場所を舞台に展開する。
④ キャリアには脇役としての人々も登場する。
⑤ キャリアには筋書きがある。
⑥ キャリアには障壁や災難が伴う。

上記の内容は、個人のキャリア形成における他者との相互作用を重視しています。また、ジェプセンは、キャリア形成における個人（本人）の積極的な関与を示唆しています。

(2) コクラン

コクラン（Cochran, L.）は、1990年代にキャリア分野にナラティブ・アプローチを導入した先駆者といわれている理論家です。

コクランは、物語がキャリアに関する様々な要素を統合または構成する手段であると考えています。そして、物語そのものだけでなく、その意味付けが重要だと考えています。意味付けがキャリアの中心的主題であると考えていることから、語りの有効性を論じています。

ちなみに、コクランは1級や国家資格の学科試験にも出題されたことがあります。

(3) サビカス

サビカス（Savickas, M. L.）は、2級学科試験でも頻出の理論家です。マッチング理論（特性因子理論）やスーパーのキャリア発達理論などを統合・発展させたものとして、「キャリア構築理論」を提唱しました。

①　3つの主要概念

サビカスは、キャリア構築理論の主要概念として、「職業パーソナリティ」、「キャリア・アダプタビリティ（適合性）」、「ライフテーマ」の3つを挙げています。

㋐　職業的パーソナリティ

個人のキャリアに関する能力、価値観、興味のこと。

職業パーソナリティは、個人と環境との適合を考える際の手掛かりになりますが、キャリア構築理論では、個人と環境との適合を主観的なものだと考えていて、この点は特性因子論などとは異なります。

㋑　キャリア・アダプタビリティ（適合性）

環境の変化に合わせ、自身のキャリアを適応させていくための能力。

「関心」・「統制」・「好奇心」・「自信」の4つの次元から成り立っています。

「キャリア関心」：未来に関心を持ち、それに備えること。
「キャリア統制」：キャリアを構築する責任は自分にあるという自覚。
「キャリア好奇心」：自分と職業の適合のため、好奇心をもって職業の環境を探索すること。
「キャリア自信」：キャリア構築のため必要な行動に対する自己効力感。

㋒　ライフテーマ

「自分が何のためにその仕事をするのか」など、個人の職業行動に意味や方向性を与えるもの。キャリア・ストーリーの語りの中で明確化されていきます。

②　その他主要概念

㋐　キャリア・ストーリー

個人がこれまで直面した課題やトランジションを語るもの。そして、このキャリア・ストーリーにまとまりを与えるものがライフテーマとして、語りの中で明確化されます。

㋑　キャリア・ストーリー・インタビュー

相談者のライフテーマを明らかにし、キャリアの意思決定を支援するためのカウンセリングモデル。以下の5つの質問から構成されます。

a．ロールモデル
b．よく見る雑誌・テレビ番組
c．お気に入りの本・映画
d．好きな格言・モットー
e．幼少期の記憶

㋒　ライフデザイン

キャリア構築理論に基づくカウンセリングの実践のことを、サビカスは「ライフデザイン」と呼びました。具体的には以下のような介入を行います。

1．小さなストーリーを通してキャリアを構築する。
2．小さなストーリーを脱構築して、大きなストーリー（アイデンティティ・ナラティブ）へ再構築する。
3．ストーリーの中から次のエピソードを共構築する。

(4) 質的アセスメント

質的キャリア・アセスメントとは、相談者の考え方、特性などの質的側面を重視したアセスメントです。

様々なものがありますが、例えば、カードソートやライフラインチャートなどがその例です。数量化、標準化された「量的アセスメント」とは異なり、何かの点数をつけたり、点数によって評価、分類したりするようなことを主な目的にはしていません。

構成主義キャリアカウンセリング(※)で用いられる、様々なインタビューやワークにも、この質的アセスメントの考え方が活かされています。例えば、サビカスやコクランなどがカウンセリングの場で実践しているキャリア・ストーリー・インタビューやライフラインなどがそれにあたります。これら理論家との関連で覚えておくとよいでしょう。

※構成主義的キャリアカウンセリング
私たちの世界は「ありのまま」の現実ではなく、言語が私たちの世界を構成するという考えのもと、クライエントの「語り」を通じてキャリアを構成することを援助するキャリアカウンセリング。

2 文化や社会に配慮したキャリア形成支援

社会の中で多様性が強く意識されるようになり、相談者の属する文化や社会的背景に配慮したキャリアカウンセリングに注目が集まるようになってきました。

相談者の属する文化によって、抱える問題、価値観や意識などは様々です。それらはこれまで社会で中心的だった文化や価値観、そして、従来のキャリア理論だけでは十分に理解し、対応することができないものです。

そこで、相談者の文化的背景を踏まえたキャリア支援が必要とされるようになりました。また、それは同時にそれまで社会の中で非主流派、マイノリティとみなされていた人たちに配慮したキャリアカウンセリングに目が向けられるようになったということでもあります。

個人の文化的背景を理解し、それらを踏まえた支援を行うという、多文化キャリアカウンセリングは、社会の少数派、非主流派に目を向けることにつながりました。さらには、社会経済的要因による貧困、社会的弱者、不平等の問題にも目を向けられるようになりました。そして、そこからキャリア支援を通じて社会の公平・公正の実現しようとする、社会正義のキャリア支援という流れへとつながっていきました。

こうした文化・社会に配慮したキャリア形成理論は、比較的新しい理論群ですが、学科試験では、第29回で出題されました。今後また出題される可能性もありますので、出題された理論家を中心に、代表的な理論家を概観しておきましょう。

(1) リチャードソン

リチャードソンは、それまでキャリア理論の中心的存在であったスーパーのキャリア発達理論に対して批判を行いました。1990年代のことで、これが多文化キャリアカウンセリング論の端緒となったといわれています。

リチャードソンの批判は、スーパーのキャリア発達理論はあくまでアメリカ白人男性ホワイトカラーを前提としたものであるというものです。そして、こうした単一の価値を前提としたモデルを乗り越えるためには、構築主義・構成主義的なアプローチが有効だと指摘しました。

また、リチャードソンは「キャリア」という概念そのものを批判し、家事やボランティアなどのあらゆる仕事を表現する「ワーク」という言葉を使うべきだと主張しました。

(2) フアドとビングハム

フアド（Fouad, N. A.）とビングハム（Bingham, R.）はCACCモデル（文化的に適切なキャリアカウンセリングモデル：Culturally Appropriate Career Counseling Model）を提唱しました。７つのステップからなるカウンセリングモデルで、文化に配慮したキャリアカウンセリングを具体的にどのように進めるかを示したものです。

このステップを進めていく上では、常に相談者の文化的な文脈に留意して関わることの重要性と、相談者の文化を、カウンセラーがどのように捉えているかを客観視することが重要だと考えられています。

(3) アーサー

アーサー（Arthur, N.）は、CICCモデル（文化を取り入れたキャリアカウンセリングモデル：Culture-Infused Career Counselling）を提唱しました。

① カウンセラー自身の文化的アイデンティティを理解する。
② 他者の文化的アイデンティティを理解する。
③ 作業同盟における文化的な影響を理解する。
④ 文化に対応した、社会的に公平なキャリア支援を行う。

このモデルでも、終始、相談者およびカウンセラー自身の持つ文化的な側面に配慮しながらカウンセリングを進める必要性を説いています。

例えば、面接冒頭においては、自身の文化的なアイデンティティと他者の文化に対する見方を自覚する必要があるといいます。カウンセラーは社会的に公平な視点を持って関わっていく必要があるとしています。

また、アーサーは、社会正義に向けたキャリア支援を実践する際にキャリアカウンセラーとして備えておくべき資質や能力についても研究を行っています。

(4) ブルースティン

ブルースティン（Blustein, D. L.）は、キャリア形成における「社会階層」の影響を指摘しました。

若者を対象としたインタビューから、その人が属する社会階層によって、キャリアに対する意識が異なることを見出しました。

例えば、裕福な社会階層の若者には、自分の興味や関心などに合った仕事につき、そこで能力を発揮したいと思っているといった旨の発言が多くありました。一方、いわゆる貧困層の若者には、仕事を生きていく上で必要なお金を稼ぐための手段と考えているといった旨の発言が多くありました。

この結果から、ブルースティンは、人の職業意識がその人の属する社会階層の影響を受けて異なるものになってしまうことを見出しました。そして、貧困や格差などによってキャリアが阻害されるのであれば、そのようなマイノリティの文化的・社会的背景を持つ人々に対する支援が必要だと主張しています。

(5) ワッツ

ワッツ（Watts, A. G.）は、個人の自己実現を目指すためのキャリア支援から、社会の問題や課題等を意識したキャリア支援が必要になると主張しました。「個人の問題」から「社会の問題」としてキャリア支援を考える――この考えが社会正義のキャリア支援の考え方へとつながっていきました。

これまでの市場原理に基づいたキャリアガイダンスは、今後、社会福祉的なキャリアガイダンスへと変化する必要がある、そして、キャリアガイダンスには、社会に働きかけることで社会問題の解決を促す機能があると述べています。

また、ワッツは「キャリアガイダンスの4つのイデオロギー」を提唱しています。これは、キャリアガイダンスを「社会に焦点 ― 個人に焦点」と「変革 ― 現状維持」の二軸で4つの象限、つまり、「コンサバティブ」、「リベラル」、「プログレッシブ」、「ラディカル」に分けて考え、その中でも社会変革である「ラディカル」を重視しています。

(6) 用語解説：エンパワーメントとアドボカシー

エンパワーメントやアドボカシーという用語は、医療や社会福祉の現場でも重要な概念として使用されています。この「文化や社会に配慮したキャリア形成支援」においても重要な考え方となるので、今一度定義を確認しておきましょう。

① エンパワーメント (empowerment)

「権利を付与する」、「能力を付ける」ことなどを意味します。個人（相談者）が本来持っている力を引き出し、自らの意思決定によって自発的に行動できるようにサポートすることをいいます。

② アドボカシー (advocacy)

「権利擁護」、「代弁」などと訳されます。専門家（キャリアコンサルタント）等が行為の主体となって相談者の問題解決、権利の擁護を行うことをいいます。

なお、『ACA（米国カウンセリング学会）アドボカシー・コンピテンシー：カウンセラーのための社会正義のフレームワーク』では、社会正義のフレームワークとして、以下の６つの活動を挙げています。

① クライエントのエンパワーメント：クライエントと協力して行うアドボカシーのこと。
② クライエントのアドボカシー：クライエントのために効果的に交渉すること。
③ 組織間の連携：組織・コミュニティと協力して、問題や制度上の障害を明らかにすること。
④ システムに対するアドボカシー：個人がシステムに変化を起こせる立場にないときに行うこと。
⑤ 情報発信：一般の人々の意識を高めること。
⑥ 社会的・政策的なアドボカシー：政策や法律上の制約や不公平に直面したクライエントのために行動すること。

3 動機付け理論

人は何によって動機付けられるのか、やる気が高まるのか、を研究したのが動機付け理論（モチベーション理論）です。個人のキャリア形成支援を行う上では有益な知見です。また、組織のマネジメント、従業員満足などを考える上でも重要な知見です。

学科試験においては、毎回出題される訳ではありませんが、出題されるときには、複数の理論（家）が選択肢に並ぶことが多く、正しい選択肢を選ぶためには各理論（家）の内容、それぞれの違いなどを把握しておく必要があります。キャリア理論に比べるとテキスト等での取扱いも少ないので、ここに整理しました。

(1) マズロー　欲求5段階説

マズロー（Maslow, A. H.）は人間の欲求には「生理的欲求」、「安全欲求」、「所属と愛の欲求（社会的欲求）」、「自尊欲求（承認欲求）」、「自己実現欲求」の5つがあるとしました。

「生理的欲求」を最低位に、「自己実現欲求」を最高位とした階層性があると考え、低次の欲求が満たされると、次の段階の欲求が現れると考えました。つまり、「生理的欲求」が満たされることで「安全欲求」が現れ、「安全欲求」が満たされることで「所属と愛の欲求」が現れ、というように階層を一つずつ登っていき、最後に「自己実現欲求」に至るというように考えます。

また、この欲求5段階説は、「人間は自己実現のために絶えず成長する生き物である」というマズローの考え方が基盤になっています。

(2) ハーズバーグ　二要因理論

ハーズバーグ（Herzberg, F.）は、仕事に満足をもたらす「動機付け要因」と不満足をもたらす「衛生要因」があり、それぞれがモチベーションに影響を及ぼすことを見出しました。

① 動機付け要因：達成感、承認、責任、成長、仕事そのものなど
② 衛生要因：職場の人間関係、労働条件、給与、雇用の安定など

この動機付け要因と衛生要因は、それぞれが独立して存在し、人に満足・不満足をもたらします。

動機付け要因は、満たされればモチベーションが向上するものの、満たされなくてもモチベーションは下がらない。一方、衛生要因は、満たされないとモチベーションは低下するものの、満たされてもモチベーションは向上しないと考えられています。

また、ハーズバーグは、モチベーション向上のための施策として「職務充実」を挙げています。職務充実とは、人に付与する権限と責任を拡充して、職務の充実を図るものです。

(3) マクレガー　X理論・Y理論

マクレガー（McGregor, D.）は、X、Yという2つの人間観からモチベーションを考えます。

「X理論」は、人は本来仕事が嫌いで強制されなければ努力しないとみなします。そのため、モチベーションを上げるには、結果に対して報酬と罰を与えることだと考えます。

一方、「Y理論」は、人は自己実現や成長することを志向するとみなします。そのため、目標や責任がモチベーションにつながると考えます。

つまり、X、Yそれぞれの側面によって有効なアプローチは異なるため、例えば部下を持つマネージャーなどは、人が持つX、Yそれぞれの特性を踏まえたマネジメントスタイルを構築する必要があります。

(4) アルダーファ　ＥＲＧ理論

アルダーファ（Alderfer, C. P.）は、マズローの欲求５段階説を発展させたERG理論を提唱しました。

ERGとは、存在欲求（Existence）、関係欲求（Relatedness）、成長欲求（Growth）の３つの頭文字をとったものです。

マズローの欲求５段階説との違いは、欲求をE・R・Gの３つに集約したこと、そして、マズローのように低次の欲求が満たされたときに高次の欲求が出現するとは想定しておらず、複数の欲求が併存していたり、高次の欲求が満たされることで低次の欲求が出現したりする場合もあるとしていることなどがあります。

(5) マクレランド　欲求理論

マクレランド（McClelland, D. C.）は、人が行動を起こす際の動機を「達成欲求」、「権力欲求」、「親和欲求」、「回避欲求」の４つに分類し、これら動機によって人が動かされていることを示しました。

「達成欲求」とは、何かを成し遂げよう、成功しようとする欲求です。「権力欲求」は、他者に影響を与え、コントロールしたいという欲求。「親和欲求」は、他者と友好的かつ密接な関係を結びたいという欲求を指します。また、「回避欲求」は、失敗や批判を避けようとする欲求です。

人の行動の背景にはこの４つの動機があり、ある行動について４つの動機のうちどの動機に基いているのかを理解すること、そして、その人の持つ動機に基づいた対応をしていくことがマネジメントにおいても大切なことだと考えられています。

(6) アトキンソン　達成動機理論

アトキンソン（Atkinson, J. W.）は、

[モチベーションの高さ＝達成動機×成功の可能性×報酬の魅力度]

だと考えました。

上記公式に基づいて考えると、モチベーションを高めるには、まず達成動機を高めること、そして、達成動機が高い人の場合、成功の可能性が五分五分くらいの目標だとモチベーションが上がりやすいということがわかっています。

確実に失敗するとわかっている目標はもちろん、確実に成功するとわかっている目標もモチベーションは上がりにくいといわれています。また、成功の可能性と報酬の魅力度は関連していると考えられています。

成功の可能性が高い＝容易に達成できるときには、達成に伴う満足度は下がるため、報酬の魅力度は下がります。一方、成功の可能性が低い目標を達成した時には、満足度、つまり報酬の魅力は上がります。

これらを上記公式に当てはめると、やはり成功の可能性が50%のときにモチベーションの高さが最大になると考えられています。

また、達成動機は、成功動機と失敗回避動機という２つの要素に左右されます。成功動機とは、成功したいからやりたいと思う気持ち、失敗回避動機とは、失敗を避けたいという気持ちです。このどちらが優勢なのかによって達成動機の大きさも変わってくると考えられています。つまり、

〔 達成動機 ＝ 成功動機 － 失敗回避動機 〕

だと考えました。この場合、達成動機を高めるには、成功動機を高めるか失敗回避動機を低くする、もしくはその両方に取り組む必要があると考えられています。

(7) アダムス　公平理論

アダムス（Adams, J. S.）は、人は自分の入力（Input：仕事量や努力などの投入量）と出力（Outcome：報酬、評価など）の比率と、他人のそれとの比較に着目しました。

自分のInput/Outcome　(←比較→)　他人のInput/Outcome

この公式で、他人と比べて不公平がある場合、それを解消して（自身のInputやOutcomeを調整して）公平な状態に近付くよう動機付けられると考えられています。

(8) ブルーム　期待理論

ブルーム（Vroom, V.）は、モチベーションというのは、「結果に対する期待値」と、「得られる報酬の魅力」によって決まるという理論です。期待理論の要素は以下の３つです。

① 期　待：努力が成果（報酬など）に結びつくという期待のこと。
② 道具性：目標達成した後、さらに何が得られるかということ（成果が次の目標を達成する際に有用かどうか）。
③ 誘意性：提示された報酬がどれほど魅力的か。

そして、モチベーションの高さは、

[モチベーション ＝ 期待 × 誘意性 × 道具性]

の公式で示すことができると考えられています。

(9) ロックとレイサム　目標設定理論

ロックとレイサム（Locke & Latham）は、目標が人のモチベーションに及ぼす影響に着目した理論を提唱しました。目標管理（MBO）の理論的背景として説明されることも多いです。

目標はただ設定するだけでは効果がなく、適切な目標設定を行うことで、モチベーションを高く維持することにつながると考えました。

つまり、「目標の難易度」（簡単すぎず、かといって達成不可能なものではなく、努力すれば何とか達成できるような難易度の目標。また、その前提として、設定された目標を「本人が納得している」ことも大切）、「目標の具体性」（定量的で具体性のある目標。目標達成のための具体的なアクションをイメージできるもの）、「フィードバック」（達成した成果に対するフィードバックがあることで、モチベーションが継続的に維持される）がポイントになると考えられています。

(10) デシ　内発的動機付け理論

人は外的報酬（外発的動機付け）がなくても、自身の興味や関心などによる内なる欲求（内発的動機付け）から行動を起こすものだと考えたのが、内発的動機付け理論です。

デシ（Deci, E. L.）は、自律的決定が動機付けに影響を与えるという「自己決定理論」を提唱しました。

この理論では、「外発的動機付け」と「内発的動機付け」の関係性を理論化しています。報酬には、外から与えられる「外的報酬」（給与、評価など）と、自身の内面から生まれる「内的報酬」（充実感、達成感など）があること、そして、外から与られる報酬（外的報酬）が、内発的なモチベーションを低下させてしまうことを見出しました。

４　その他

ここでは、前述の１～３以外に、これまでの試験で出題された理論（家）や既存の出題範囲の延長線上にある新しい理論をご紹介します。

（1）ピーヴィ

ピーヴィ（Peavy, R. V.）は、「ソシオダイナミック・カウンセリング」を提唱しました。

人と環境が相互作用するライフ・スペースを明らかにすることを目的としたカウンセリング手法です。

ソシオダイナミック・カウンセリングは構成主義カウンセリングの一つでもあります。また、「人は、人生を通して常に改訂されている首尾一貫したライフ・ストーリーを持つべきである」という発達論的アプローチをとっています。

ソシオダイナミック・カウンセリングにおいては、①心の平安、②友好的関係、③変容的学習という３つの中核要素からなる「対話的傾聴」を重視しています。

（2）ピーターソン、サンプソン、レンツとリアドン

ピーターソン、サンプソン、レンツ、リアドン（Peterson, Sampson, Lenz & Reardon）は、「認知的情報処理理論」を提唱しました。

近年の認知心理学の知見を取り入れた理論です。意思決定における認知的情報処理過程に着目します。特に意思決定を行う上でのメタ認知の機能を重視します。

この理論では、キャリアの意思決定において、自己理解と職業理解、そしてその他収取した情報を統合させて自分のキャリアを決定していくプロセスを「CASVEサイクル」と名付け、このプロセスをたどりなが

ら、最適な意思決定を行うことができるようになると考えます。ちなみに、「CASVE」 と は、「Communication」、「Analysis」、「Synthesis」、「Value」、「Execution」で、このサイクルを通して、相談者の中で情報が統合されていくと考えます。

(3) レント、ブラウン、ハケット

レント、ブラウン、ハケット（Lent, Brown & Hackett）は、「社会認知的キャリア理論」（SCCT：Social Cognitive Career Theory）を提唱しました。社会的学習理論、自己効力感理論をさらに発展させたものです。

また、「個人的要因」、「環境要因」、「行動」が相互に影響しあっている、というバンデューラの「三者相互作用」の考え方がそのベースにあります。

SCCTは、三者相互作用の3つの要素に「自己効力感」、「期待結果」、「目標設定」を追加しました。そして、キャリア形成において、個人的要因、学習経験、自己効力感、結果期待、目標設定や環境要因などが相互に関連があり、お互いに影響しあっていること、そしてそれらの相互作用から特定の結果が生み出されていることを体系的に整理しました。また、その相互作用においては、「認知」の変化の影響を重視しています。

キャリアコンサルタントとして、SCCTにおける体系、各要因とそれぞれの関係を理解していると、相談者のどの部分に課題があるのか、どの部分に働きかけるとよいか、などを見立てたり、介入の方策を検討したりする際に役立ちます。

(4) ゴットフレッドソン

ゴットフレッドソン（Gottfredson, L. S.）は、子供のキャリア発達に目を向け、人は自分の興味や関心などによって職業を選んでいる訳では

ないと考え、「制限・妥協のキャリア理論」を提唱しました。

人は子供のときからの発達の過程で、「大きいもの、力が強いものにあこがれる段階」、「性別によって区分する段階」、「職業威信によって区分する段階」、「自己を追求する段階」とそれぞれの成長、発達の段階で自身の選択肢を制限しながら、選ぶべき職業を考えていくというプロセスをたどります。

つまり、発達とは、「受け入れ可能な職業選択肢の領域」を狭めていくプロセスでもあり、職業はこの発達過程における制約と妥協の産物だと考えます。

(5) バルテス

バルテス（Baltes, P. B.）は、「生涯発達理論」を提唱し、新生児から老年期までを視野に入れた生涯発達について研究を行いました。それまでの子供や青年期までを対象とした発達心理学を老年期にまで拡張したことでも有名です。

バルデスは「生涯発達とは、常に成長と衰退が結びついて起こる過程である」とした上で、発達が生物学的要因と環境的要因およびそれらの間の相互作用によるものだと考えました。

そして、発達に影響を与える要素として、「標準年齢的要因」（生物学的要因と年齢等による環境的要因の相互作用によるもの）、「標準歴史的要因」（時代や社会背景が発達に及ぼす影響のこと）、「非標準的要因」（上記2つ以外の要因。個人のライフイベントなど）があり、これらの要素が相互に作用しあっていると述べています。

(6) アーサー

アーサー（Arthur, M.）は、組織の中だけで展開されていく従来型のキャリアに対して、組織や職務などの境界（バウンダリー）を超えて構築されるキャリアのことを「バウンダリーレス・キャリア」と呼びました。

自社組織だけにとらわれず、キャリア意識を持ち、自律的にキャリアを形成してくと考えられています。

(7) ワナウス

「リアリスティック・ジョブ・プレビュー」(RJP：Realistic Job Preview) とは、直訳すると「現実的な仕事情報の事前開示」、つまり、企業が採用活動を行う際に、応募者（求職者）に仕事や組織について、良い面も悪い面も含めた現実的な情報を提供することです。

ワナウス（Wanous, J. P.）は、このような事前の情報開示により、ミスマッチを減らすこと、そして、その結果として採用者の定着率を高めることにつながると考えました。

4 倫理と行動の知識 ～キャリアコンサルタントとしての「あり方」、求められるスタンスを理解する

この「キャリアコンサルタントの倫理と行動」の領域は、

（１）キャリア形成及びキャリアコンサルティングに関する教育並びに普及活動
（２）環境への働きかけの認識及び実践
（３）ネットワークの認識及び実践
（４）自己研鑽及びキャリアコンサルティングに関する指導を受ける必要性の認識
（５）キャリアコンサルタントとしての倫理と姿勢

の５つの項目で構成されています。

この領域からの出題は、キャリアコンサルティングやキャリアコンサルタントとしての具体的な活動場面における対応の適否を問う問題が多いです。

具体的な場面であるため、出題の内容（問われ方）には様々なパターンがありますが、基本となる考え方を理解しておけば、「出題者はキャリアコンサルタントにはこうあってほしい・こうしてほしいと思っているのだろうな」ということが感覚的につかめます。そうすると、どんな問題が出ても、ある程度は「常識問題」として解けることも多いです。

そのため、ここでは、キャリアコンサルタントとしてのあり方や求められるスタンスについて、その基本となる「考え方」、「ものの見方」をつかんでいただければと思います。

もちろん、試験対策としてだけではなく、日々の活動の中で実践もしてくださいね。

(1) キャリア形成及びキャリアコンサルティングに関する教育並びに普及活動

まずは、「キャリア形成及びキャリアコンサルティングに関する教育並びに普及活動」について見ていきましょう。

キャリアコンサルタントは、対個人の相談業務だけでなく、個人や組織、さらには社会に対し、様々な活動を通じてキャリア形成やキャリアコンサルティングの重要性、必要性等を教育・普及することが求められています。

近年の社会経済状況、雇用環境などの変化による影響もあり、個人の自律的なキャリア形成の必要性や、それをサポートするキャリアコンサルティングについて、社会的な認知は広がってきていると考えられます。しかし、まだまだ広く一般に普及浸透しているとはいいがたい状況です。そこで、キャリア形成やキャリアコンサルティングについての教育活動や普及活動を行っていく必要があり、これらもキャリアコンサルタントの役割に含まれています。

例えば、企業の中であれば、個々の従業員に対するキャリア意識の醸成、キャリア形成に関する情報発信などだけではなく、事業主や管理職層に対する理解の促進、部下のキャリア形成支援に取り組む管理職へのサポートなどが考えられます。また、企業内でのキャリアデザイン研修やセルフ・キャリアドックでの研修なども取組みの一環に含まれます。研修に関しては、プログラムの企画・運営などに関する知識も求められます。

また、企業内に限らず、広く社会一般に対して、キャリア形成の必要性や意味・意義を伝えていくことも含まれます。セミナー、講演、出版などによる情報発信、相談の機会の提供など様々な方法が考えられます。

学科試験では、これらの教育・普及活動の具体例が示されることもあります。
そのときに、キャリアコンサルタントとして、どのような活動が、個人・組織・社会に対して、キャリア形成やキャリアコンサルティングについて正しい知識を効果的に広めていくことにつながるかを考えながら解答していきましょう。

(2) 環境への働きかけの認識及び実践

次は、「環境への働きかけの認識及び実践」です。個人への支援だけでは解決できない環境の問題点の発見、指摘、改善の提案等の環境への働きかけを関係者と協力して行うこともキャリアコンサルタントの重要な役割です。

個人のキャリア形成は、個人により行われるのみではなく、組織や社会など個人を取り巻く環境との関連でもなされるものです。
個人を取り巻く環境とは「家族」、所属する企業や学校等の「組織」、住んでいる「地域」や自治体・団体等による施策なども含まれます。
キャリアコンサルタントは、個人への働きかけと同時に、その個人を取り巻く環境、つまり、家族、組織、地域などとの相互作用により形作られていきます。これらが個人のキャリア形成にどう影響しているのかを捉え、必要に応じて環境に介入することが求められています。

「働く環境の変化に対応できるキャリアコンサルタントに関する報告書」（令和３年６月、厚生労働省。https://www.mhlw.go.jp/stf/newpage_19202.html）では、キャリアコンサルティングのさらなる普及を進める観点から、次のような産業界・企業への働きかけの施策と労働者への働きかけの施策を紹介しています。

① セルフ・キャリアドックの更なる推進（キャリアコンサルティング導入支援等）
② 企業におけるキャリアコンサルタントの配置の促進（産業界・企業の理解促進等）
③ ジョブ・カードを活用したキャリアコンサルティング推進（部下とのキャリア面談等）
④ 情報発信の強化（従業員のキャリア自律支援の重要性、キャリアコンサルティングの有効性）

併せて、的確なキャリア支援を行うためにキャリアコンサルタントが習得すべき事項を提言し、そこで必要な施策、政策課題を整理しています。

ここで取り上げられているのは、主に企業領域、中でも特にセルフ・キャリアドックの展開等を念頭に置いたものですが、ほかの領域においても個人を取り巻く環境に働きかけていくことが求められています。キャリアコンサルタントの資格取得の段階では、個別面談スキルの習得に力点を置きがちですが、実践の場では、それ以上の役割が求められるのです。

キャリアの問題は個々人にとっての問題ですが、その問題の背景には環境の要因が大きく関わっていることも多くあります。そのようなときには、相談者個人に働きかけるだけでは本質的な問題解決につながらないことや、環境に働きかけたほうが解決につながることもあります。そうした問題の構造に気づき、そして、適宜必要な働きかけを行うことができることもキャリアコンサルタントとして必要な力です。

そのような期待役割、役割発揮を念頭に置きながらキャリアコンサルタントとして活動を進めていく必要があります。

(3) ネットワークの認識及び実践

①　ネットワークの重要性の認識および形成

キャリアコンサルタントはキャリアに関する専門家です。ただ、キャリアの相談といっても実際の相談内容は多岐にわたるため、キャリアコンサルタント以外の専門家がいる分野や、法律等によりキャリアコンサルタントには取り扱うことができない分野もあります。

その際、キャリアコンサルタントは、自分の能力や分野について認識を持った上で、相談者や組織等を効果的に支援するために、他の専門家・専門機関および非専門家とのつながり（＝ネットワーク）を活用して支援にあたることになります。

例えば、相談者が法的な問題を抱えていたり、発達障害やメンタルヘルス不調であったりする場合は、キャリアコンサルタント自身で抱え込まず、適宜適切な専門家と連携を図ることが相談者の利益につながります。

また、キャリアの領域の問題であったとしても、キャリアコンサルタントは自身の能力の限界を自覚し、能力以上の仕事を引き受けてはいけません。その際には、他のキャリアコンサルタントにリファーするなどの対応が必要です。

相談者、そして、組織を適切に支援するためには、様々な専門家や専門機関とのネットワークを持っておく必要があります。ネットワークは普段の活動でもある程度自然にできてくるものですが、クライエントの直接的・間接的な支援のために、協働できる人や活用できる機関と意識的に関係を構築し、ネットワークを広げ情報を更新していく心がけが大切です。

②　専門機関への紹介および専門家への照会

ネットワークを活用した支援には、具体的には以下のようなものがあります。

■リファー

担当するクライエントの支援をベテランのキャリアコンサルタントや関係する専門家、専門機関に委ねること。

■コンサルテーション

クライエントの課題解決を支援するために、キャリアコンサルタントが自ら関係する保険・医療・福祉・法律などの専門家や専門機関へ当該問題についての専門的意見や助言を求めること。

■コラボレーション

複数の専門家が協力して、それぞれ独立して課題解決に取り組むこと。

■コーディネーション

ある目的の達成のために、その目的に適合しそうな社会資源を調整すること。「協働」「連携」「連絡調整」などの意味。

また、ネットワークを活用して相談者を支援する場合の注意点として、以下のことが挙げられます。併せて確認しておきましょう。

■情報共有

・ネットワークの連携先とは、見立て、支援目標と方針を共有した上で役割分担をする。
・ネットワーク内での情報共有については、クライエントへの説明と了解が必要。
・ネットワーク内で誰とどこまで情報を共有するかについては、問題の性質、各自の役割、相談者やほかのネットワークとの関係性などにより決まる。

■守秘義務

・相談者の情報は、相談者本人の了解を得た上で、ネットワーク全体で守秘義務を負う。
・守秘義務には、各自の専門家としての守秘義務とともに、支援ネットワーク全体としての守秘義務を負う。

ネットワークの活用は、相談者へのよりよい支援のために行うものです。とはいえ、やはり相談者に対して十分な説明を行い、相談者本人の同意と守秘義務の確保には留意して進める必要があります。

（4）自己研鑽及びキャリアコンサルティングに関する指導を受ける必要性の認識

①　自己研鑽

自己研鑽は、キャリアコンサルタントにとって欠かせないものの一つです。

キャリアコンサルティングの主たる対象は人であることから、深い人間理解が必要です。また、常に変化を続ける社会、経済など個人を取り巻く環境についての理解も必要です。そのため、キャリアコンサルタントとしての学びにゴールはなく、常に学び続ける必要があります。

キャリアコンサルタントは常に学ぶ姿勢を維持して、継続的な自己研鑽の取組みにより、自らの力量を向上させていく必要があります。また、自己研鑽の前提として、キャリアコンサルタント自身が自己理解を深め、自身の能力について認識しておくことは重要なことです。

キャリアコンサルタントの自己研鑽については、協議会の倫理綱領にも「常に資質向上に向けて絶えざる自己研鑽」に努めるべきことが定められています（本書135ページ以下参照）。

②　スーパービジョン

キャリアコンサルタントの資質向上のために必要なことが、自身のキャリアコンサルティングについて指導を受けること、スーパービジョンです。スーパービジョンは、キャリアコンサルタントが自らの資質を向上させ、クライエントにより良い支援を提供するための最も有効な手段の一つです。

スーパービジョンについて、ポイントをまとめると以下の通りです。

- スーパービジョンとは、自分よりも経験豊富なキャリアコンサルタントやカウンセラーに、自分のクライエントへの対応について指導や助言を受けること。
- スーパービジョンを実施する人をスーパーバイザー（指導者）と呼び、スーパービジョンを受ける人をスーパーバイジー（指導を受ける人）という。
- スーパービジョンは、個人で受ける場合だけでなく、集団で１人のスーパーバイザーに指導を受ける場合もある。集団でスーパービジョンを受けることをグループ・スーパービジョンという。
- グループ・スーパービジョンは、事例検討の形で行われることもあり、スーパーバイジーの受け持っている事例を題材として、スーパーバイザーの指導を受ける。

そして、スーパービジョンは、初心者のうちはより意識して受ける必要がありますが、経験を積んだ後も引き続きスーパービジョンを受ける必要があります。

また、スーパービジョンを受ける際には、口頭でケースの報告をすることもありますが、面談の経緯や所見をまとめた面接記録（ケース記録）をもとに、面接の経過をまとめた事例報告書を提出して行うことが多いです。その際、スーパービジョンを受けるために必要な逐語録等の相談記録を整理することもキャリアコンサルタントに求められている能力の一つとなっています。

(5) キャリアコンサルタントとしての倫理と姿勢

最後にご紹介するのが、「キャリアコンサルタントとしての倫理と姿勢」です。専門職にはその専門職としての倫理があります。キャリアコンサルタントにもキャリアコンサルタントしての倫理があります。

キャリアコンサルタントの倫理綱領は「第1章 基本的姿勢・態度」、「第2章 職務遂行上の行動規範」からなります。ボリュームはそれほど多くないため、すぐに目を通せるかと思います。ただ、ここに書かれていることはキャリアコンサルタントとしての活動の基盤、指針となるものです。試験対策としてはもちろんのこと、日々のキャリアコンサルタントとしての活動の中で体現・実践できるよう、しっかりと身に付けていただきたと思います。

◆キャリアコンサルタント倫理綱領（太字部分の強調は筆者による）
https://www.career-cc.org/files/rinrikoryo.pdf

第1章　基本的姿勢・態度

（基本的理念）
第1条　キャリアコンサルタントは、キャリアコンサルティングを行うにあたり、**人間尊重**を基本理念とし、**個の尊厳**を侵してはならない。
2　キャリアコンサルタントは、キャリアコンサルティングが、相談者の生涯にわたる充実したキャリア形成に影響を与えることを自覚して誠実に職務を遂行しなければならない。

（品位の保持）
第2条　キャリアコンサルタントは、キャリアコンサルタントとしての**品位と誇りを保持**し、法律や公序良俗に反する行為をしてはならない。

（信頼の保持・醸成）

第３条　キャリアコンサルタントは、**常に公正な態度**をもって職務を行い、専門家としての**信頼を保持**しなければならない。

２　キャリアコンサルタントは、相談者を国籍・性別・年齢・宗教・信条・心身の障害・社会的身分等により**差別してはならない**。

３　キャリアコンサルタントは、**相談者の利益をあくまでも第一義**とし、研究目的や興味を優先してキャリアコンサルティングを行ってはならない。

（自己研鑽）

第４条　キャリアコンサルタントは、キャリアコンサルティングに関する知識・技能を深める、上位者からの指導を受けるなど、**常に資質向上に向けて絶えざる自己研鑽**に努めなければならない。

２　キャリアコンサルタントは、組織を取り巻く社会、経済、環境の動向や、教育、生活の場にも常に関心をはらい、専門家としての**専門性の維持向上**に努めなければならない。

３　キャリアコンサルタントは、より質の高いキャリアコンサルティングの実現に向け、他の専門家との**ネットワークの構築**に努めなければならない。

（守秘義務）

第５条　キャリアコンサルタントは、キャリアコンサルティングを通じて、職務上知り得た事実、資料、情報について**守秘義務**を負う。但し、身体・生命の危険が察知される場合、又は法律に定めのある場合等は、この限りではない。

２　キャリアコンサルタントは、キャリアコンサルティングの事例や研究の公表に際して、**プライバシー保護**に最大限留意し、相談者や関係者が特定されるなどの不利益が生じることがないように適切な措置をとらなければならない。

（誇示、誹謗・中傷の禁止）

第6条　キャリアコンサルタントは、自己の身分や業績を過大に誇示したり、他のキャリアコンサルタントまたは関係する個人・団体を**誹謗・中傷してはならない**。

第2章　職務遂行上の行動規範

（説明責任）

第7条　キャリアコンサルタントは、キャリアコンサルティングを実施するにあたり、相談者に対してキャリアコンサルティングの目的、範囲、守秘義務、その他必要な事項について**十分な説明**を行い、**相談者の理解**を得た上で職務を遂行しなければならない。

（任務の範囲）

第8条　キャリアコンサルタントは、キャリアコンサルティングを行うにあたり、自己の専門性の範囲を自覚し、**専門性の範囲を超える業務の依頼を引き受けてはならない**。

2　キャリアコンサルタントは、明らかに**自己の能力を超える業務の依頼を引き受けてはならない**。

3　キャリアコンサルタントは、必要に応じて他の分野・領域の専門家の協力を求めるなど、相談者の利益のために、最大の努力をしなければならない。

（相談者の自己決定権の尊重）

第9条　キャリアコンサルタントは、キャリアコンサルティングを実施するにあたり、相談者の**自己決定権を尊重**しなければならない。

（相談者との関係）

第10条　キャリアコンサルタントは、相談者との間に様々な**ハラスメント**が起こらないように配慮しなければならない。また、キャリアコンサルタントは相談者との間において想定される問題や危険性について十分配慮してキャリアコンサルティングを行わなければならない。

2　キャリアコンサルタントは、キャリアコンサルティングを行うにあたり、相談者との**多重関係を避ける**よう努めなければならない。

（組織との関係）

第11条　組織との契約関係にあるキャリアコンサルタントは、キャリアコンサルティングを行うにあたり、相談者に対する支援だけでは解決できない環境の問題や、相談者の利益を損なう問題等を発見した場合には、相談者の了解を得て、組織への問題の報告・指摘・改善提案等の**環境への働きかけ**に努めなければならない。

2　キャリアコンサルタントは、キャリアコンサルティングの契約関係にある組織等と相談者との間に**利益が相反**するおそれがある場合には、事実関係を明らかにした上で、**相談者の了解のもと**に職務の遂行に努めなければならない。

様々なことが述べられていますが、総じていえることは、キャリアコンサルタントとして、相談者を守り、相談者の利益になるようキャリア支援を進めていけることが必要だということではないでしょうか。

倫理綱領は覚えるものではなく、実践することが求められているものです。ここに書かれていることを日頃から実践していれば、倫理に関する問題は「常識問題」として解答できるようになります。

また、本節で解説した「キャリアコンサルタントの倫理と行動の知識」は、試験では具体的な場面でのキャリアコンサルタントの行動の適否について問う問題が多いです。そこで、本書第4章の「模擬問題②」では、そのような具体的な場面を取り上げた問題を多く用意しています。

問題を解きながら、そして解答・解説を確認しながら、どのような場合にどのような行動をとることがキャリアコンサルタントとして適切（もしくは、不適切）なのか、イメージをつかんでいただけると思います。

第4章

模擬問題

本章の模擬問題は2つあります。基礎的な知識の習得度を確認するための「模擬問題①」、そして、本書の内容の習得度を確認するための「模擬問題②」です。

(1) 模擬問題①について

まずは現時点での知識の習得度を確認しましょう。模擬問題①は、2級学科試験で必要とされる基礎知識の習得度を確認するための試験です。標準的な内容の問題ばかりですので、基礎的な知識が十分に身に付いていれば70点以上を取ることはそこまで難しくはないと思います。

もし、70点に満たない場合、あるいは70点以上であっても自身の知識の習得度合いに確信が持てない場合には、まずは基礎固めを行ってから先に進むことをお勧めします。本書でご紹介している『キャリアコンサルタント学科試験にサクッと合格する本』(日本法令発行)をはじめ、基礎的な知識を体系的にまとめたテキストで再学習を行いましょう。

(2) 模擬問題②について

本書を一通り読み終えたら、本書で学んだ内容の習得度を確認しましょう。

模擬問題②は、本書の内容を踏まえた問題構成で、本書で紹介した知識の習得度を確認するものです。少し難しく感じるかもしれませんが、力試しだと思って取り組んでみてください。せっかく本書を読んでいただいたのですから、2級学科試験合格のためにも、紹介した知識をしっかりと身に付けていただければと思います。

（3）模擬試験の実施要項（①、②共通）

・出題形式は、本試験と同様に４肢択一式50問です。
・解答時間は①、②とも100分。
・70点以上で合格です。
・解答用の模擬マークシートは、本書巻末（243ページ）にありますのでＡ４判程度に拡大コピーしてお使いください。また、日本法令のウェブサイトからダウンロードすることも可能です（https://www.horei.co.jp/book/book_contents.shtml　ダウンロード用パスワードは「ginousi2kaitou」です）。

まずは、何も見ずに制限時間内で問題に取り組んでみてください。そのあと、採点と解答解説による内容の確認を行いましょう。模擬問題①、②それぞれについて、知識の習得度を確認し、知識の補強・定着を図りましょう。

1 模擬問題①

模擬問題①は、２級学科試験で必要な基礎知識の習得度を確認するためのものです。これまで学んできた学科の知識がどの程度身に付いているか、チャレンジしてみましょう。

問１　第11次職業能力開発基本計画（厚生労働省、2021年３月）に示された、労働者の自律的・主体的なキャリア形成支援を目的とした学びの支援施策として、**最も適切なもの**はどれか。

1．労働者が実務経験を通じた主体的な能力の向上や学び直しの意欲の維持・向上が可能となるよう、社会・経済の動向を重視した的確な配置ならびに処遇上の配慮が可能となる制度の普及促進を図る。
2．在職者が自発的な学び直しのための時間を確保できるよう、教育訓練給付金制度や公的職業訓練制度の普及を促進する。
3．労働者の主体的な職業能力開発を支援するため、産業界・企業とも連携しつつ、教育訓練給付の対象講座の充実に努める。
4．教育訓練給付の対象講座に関する情報が得やすくなるよう、学び直しに関するポータルサイトと連携する等の情報へのアクセスの改善に取り組む。

問２　「働く環境の変化に対応できるキャリアコンサルタントに関する報告書」（厚生労働省、2021年）で示されているキャリアコンサルタントに求められる役割・アクションに関する次の記述のうち、**最も不適切なもの**はどれか。

1．デジタル技術、ITスキルを積極的に活用した支援
2．相談内容の高度化・複雑化の中で、対応力・専門性向上とともに、キャリア支援に隣接する機関、専門家とのネットワーク
3．実践力の向上を図る上で、実践経験が少ない間は、キャリアコンサルティングに係るスーパービジョンを受けることが不可欠
4．人材育成の改善提案や組織課題の解決など、企業の人事制度運用、組織活性化につなげる専門性向上

問3　キャリアコンサルティングの役割と意義に関する次の記述のうち、**最も適切なもの**どれか。

1. 個人が職場において不適合を起こしているときは、職場や本人の意思にかかわらず職場に合うように個人の適合性を引き上げるための役割を担うことが重要である。
2. うつ病などの心の病気による休職を減らすために職場の中に相談やメンター制度などのサポート体制を充実させることは、経営者や人事の役割であるため、キャリアコンサルタントは関わらない。
3. 教育分野におけるキャリアコンサルタントの活動範囲には、大学や高校だけではなく小学校のうちから自身のキャリアについて考える取り組みを提案することも含まれる。
4. メンタルヘルス上の問題が起こったときの相談対応は、キャリアコンサルタントの役割であり、他者に対応を任せてはいけない。

問4　シャイン（Schein, E. H.）のキャリア・アンカーに関する次の記述のうち、**最も不適切なもの**はどれか。

1. 純粋な挑戦（Pure Challenge）は、誰もしたことがないような大きな課題よりも日常的に起こる単純なことへの取組みを求めることを表す。
2. 全般管理コンピテンス（General Managerial Competence）は、総合的な管理職位を目指し、組織全体にわたる様々な経験を求めることを表す。
3. 生活様式（Lifestyle）は、仕事生活とその他の生活とのバランスを保つことを重要視する考え方を表す。
4. 起業家的創造性（Entrepreneurial Creativity）は、新規に自らのアイデアで起業・創業することへの願望を表す。

問５　スーパー（Super, D. E.）の理論に関する次の記述のうち、**最も不適切なもの**はどれか。

1．自己概念は、青年期以前に形成され始め、青年期にさらに明確となって職業的用語に置き換えられると考えた。
2．成人期以降のキャリア行動は、その個人の暦年齢によって規定されると考えた。
3．生涯にわたる職業的発達段階として、５つのライフステージを設定した。
4．職業発達は、個人の全人的な発達の一つの側面であると考えた。

問６　キャリアの理論に関する次の記述のうち、**最も適切なもの**はどれか。

1．レビンソン（Levinson, D. J.）は、職業選択は学習の結果であって、過去に起こった出来事と将来起こるかもしれない出来事とを結び付けて解釈した結果であると考えた。
2．スーパー（Super, D. E.）は、個人は多様な可能性を持っており、様々な職業に向かうことができると考えた。
3．クランボルツ（Krumboltz, J. D.）は、意思決定は環境からの入力との不協和、それに対する耐性および再調整によって行われるものであり、職業選択も同じメカニズムで行われると考えた。
4．ヒルトン（Hilton, T. L.）は、人間の個人差と職業の職業差をうまく合致させることが、よい職業選択であると考えた。

問7　クランボルツ（Krumboltz, J. D.）の理論に関する次の記述のうち、**最も適切なもの**はどれか。

1．「未決定」は、新しい学習をもたらすために不要なものであり、早期に決定させることが望ましいと考えた。
2．職業選択は学習の結果であって、過去に起こった出来事と将来起こるかもしれない出来事とを結び付けて解釈した結果であると考えた。
3．人生の出来事の視点からみて「トランジション」への対処プロセスを提唱した。
4．キャリアを捉える「外的キャリア」、「内的キャリア」という2つの軸を提唱した。

問8　ホール（Hall, D. T.）が提唱したプロティアン・キャリアと伝統的キャリアの対比に関する次の記述のうち、**最も不適切なもの**はどれか。

1．伝統的キャリアの主体者は組織であり、プロティアン・キャリアにおいては個人である。
2．伝統的キャリアにおいて重要なアダプタビリティ側面は組織関連の柔軟性であり、プロティアン・キャリアにおいては仕事関連の柔軟性である。
3．伝統的キャリアにおいて重要な態度側面は仕事満足感であり、プロティアン・キャリアにおいては組織コミットメントである。
4．伝統的キャリアにおいて核となる価値観は昇進や権力であり、プロティアン・キャリアにおいては自由や成長である。

問9　ロジャーズ（Rogers, C. R.）の来談者中心アプローチにおいて、クライエントが変容するために必要なカウンセラーとクライエントの関係に関する次の記述のうち、**最も適切なもの**はどれか。

1．カウンセラーとクライエントはお互いに、相手の世界を感じ取り、内的照合枠（internal frame of reference）を共感的に理解しあっている。
2．カウンセラーとクライエントは、お互いに無条件で肯定的な関心を持つ。
3．カウンセラーは自己不一致の状態に、クライエントは自己一致の状態にいる。
4．カウンセラーは、無条件の肯定的関心と共感的理解の状態にいることをクライエントに伝達するよう努めている。

問10　カウンセリング理論と関連するキーワードを示した次の記述のうち、**最も適切なもの**はどれか。

1．ウォルピ（Wolpe, J.）・系統的脱感作・不安階層表の作成
2．バーン（Berne, E.）・ストローク・防衛機制
3．エリス（Ellis, A.）・漸成的発達理論・モラトリアム
4．ロジャーズ（Rogers, C. R.）・来談者中心療法・構成的エンカウンターグループ

問11　職業能力開発促進法に関する次の記述のうち、**最も適切なもの**はどれか。

1．労働者が人生の全期間を通じて、その有する能力を十分に発揮できるようにする。
2．職業能力開発基本計画は経済の動向、労働市場の推移にしたがって、年度ごとの短期的見通しに基づいて定められる。
3．労働者は、職業生活設計を行い、その職業生活設計に即して自発的な職業能力の開発および向上に努めるものとする。
4．事業主は、雇用される労働者が事業主の指定する職業に関する教育訓練または職業能力検定を受ける機会を確保できるよう援助する。

問12　「第11次職業能力開発基本計画（令和３年度～令和７年度）（概要）」に示された内容に関する次の記述のうち、**最も適切なもの**はどれか。

1．第六次産業など国内の食料自給率を高めることを踏まえ、農業人材など時代のニーズに即した人材育成を強化するとともに、能力開発の活用を図ることを目指す。
2．労働市場の不確実性の高まりや職業人生の長期化などを踏まえ、労働者が時代のニーズに即したスキルアップができるよう、キャリアプランの明確化を支援するとともに、幅広い観点から学びの環境整備を推進する。
3．労働者の主体的なキャリア選択の拡大を視野に、企業内のセルフ・キャリアドック等の充実を図ることを目指す。
4．誰もが活躍できる全員参加型社会の実現のため、高年齢者就業促進や女性活躍推進に特化した支援策の充実を目指すことを定めた。

問13　リカレント教育に関する次の記述のうち、**最も不適切なもの**はどれか。

1．厚生労働省では、リカレント教育機会の拡充に向けて、労働者の速やかな再就職と早期のキャリア形成を目的に特定一般教育訓練給付制度を創設している。
2．通学等での学び直しを行っている人の割合をOECD諸国で比較すると、日本はOECD平均よりも低い水準である。
3．文部科学省は、リカレント教育の推進には、ニーズを的確に捉え続け、リカレントプログラムを継続的に実施できる体制づくりや、受講者が学びを深め続けられる仕組みづくりが重要だとしている。
4．経済産業省は、人生100年時代には社会人基礎力に加えて、新たに「キャリアプランニング能力」、「課題対応能力」、「自己理解・自己管理能力」、「人間関係形成・社会形成能力」の切り口、視点が必要となってきているとしている。

問14　厚生労働省の「職業能力評価基準」に関する次の記述のうち、**最も不適切なもの**はどれか。

1．職業能力評価基準は国が定めた基準であるが、企業ごとにカスタマイズすることを前提に設計されている。
2．職業能力評価基準は、仕事をこなすために必要な「知識」と「技術・技能」に加えて、成果につながる職務遂行能力を、業種別、職種・職務別に整理している。
3．職業能力評価基準は、企業において期待される責任・役割の範囲と難易度により、10段階のレベル区分を設定している。
4．職業能力評価基準に基づく職業能力評価シートは、企業における人材育成の見える化や、 キャリアプランの明確化、人材開発を目的に開発された評価シートである。

問15　日本企業の人事管理の現状に関する次の記述のうち、**最も適切なもの**はどれか。

1．職能資格制度を導入している企業では、昇進＝昇格であり、対応関係となっている。
2．職能資格制度を導入している企業では、従業員の処遇は役職とは独立して運用される資格によって管理されている。
3．企業は裁量労働制が適用されている労働者に対しては、労働者自らが労働を調整できるため、健康に配慮する義務を負っていない。
4．役職定年制とは、役付の従業員に対して、非役付従業員の定年年齢よりも早期に定年退職させる制度である。

問16　セルフ・キャリアドックに関する次の記述のうち、**最も不適切なもの**はどれか。

1．セルフ・キャリアドックは、企業・組織の視点に加えて、従業員一人ひとりが主体性を発揮し、キャリア開発を実践することを重視・尊重する人材育成・支援を促進・実現する仕組みである。
2．セルフ・キャリアドックは、キャリアコンサルティング面談と多様なキャリア研修などを組み合わせて、体系的・定期的に従業員の支援を行う取組みである。
3．セルフ・キャリアドックは、人事担当者、キャリアコンサルタントが中心となって進めるものであり、上司などの関与も積極的に求めていく。
4．セルフ・キャリアドックは、労働者自らのキャリア開発が目的であり、労働者のモチベーションや生産性の向上にはつながらない。

問17　わが国の雇用や労働市場の状況についての調査・報告に関する次の記述のうち、**最も適切なもの**はどれか。

1．就業構造基本調査には、出産・育児や介護・看護による離職者数の報告は含まれていない。
2．雇用均等基本調査には、女性管理職の割合や男性の育児休業取得率の推移の報告が含まれている。
3．一般職業紹介状況（職業安定業務統計）における就職成功率とは、求職者数に対する実際に就職した人の割合をいう。
4．毎月勤労統計調査は、業種・職種別の入職・離職の実態を明らかにすることを目的に実施される調査である。

問18　賃金に関する法令についての次の記述のうち、**最も適切なもの**はどれか。

1．賃金は、必ず通貨で直接労働者に、その全額を支払わなければならない。
2．労働基準法における「平均賃金」とは、これを算定すべき事由の発生した日以前3か月間に支払われた賃金の総額を、その期間の総日数で除した金額をいう。ただし、通勤手当、皆勤手当、時間外手当など諸手当は除く。
3．使用者は、その責めに帰すべき事由により労働者を休業させた場合には、その休業期間中、平均賃金の60%以上の休業手当を労働者に支払わなければならない。
4．賃金を給料日以前に支払うことは労働基準法の中では定められていない。

問19　労働契約の終了に関する次の記述のうち、**最も適切なもの**はどれか。

1．定年制を設ける場合には、定年の年齢を65歳以下に定めてはならない。
2．有期契約労働者（期間の定めがある労働契約）の契約期間を更新しない、いわゆる「雇止め」は、解雇とは異なるため、労働者に理由を伝えることなく自由に行うことができる。
3．労働者から解雇予告後に雇止めの理由について証明書を請求された場合でも、特に対応する必要はない。
4．退職の際には、労働者は退職理由を使用者に説明する必要はない。

問20　労働保険、社会保険に関する次の記述のうち、**最も不適切なもの**はどれか。

1．厚生年金保険の保険給付は、老齢厚生年金と障害厚生年金と遺族厚生年金の３種類である。
2．労働者災害補償保険は、業務災害と二次健康診断等給付のみを給付対象としている。
3．健康保険は、医療給付が目的であり、病気休業中の生活を保障するための給付（傷病手当金）も健康保険から出されている。
4．雇用保険には、失業に関する給付だけでなく、教育訓練や雇用継続に関する給付も含まれている。

問21　「幼稚園、小学校、中学校、高等学校及び特別支援学校の学習指導要領等の改善及び必要な方策等について（答申）」（中央教育審議会、平成28年12月）で述べられた、キャリア教育に関する次の記述のうち、**最も適切なもの**はどれか。

1．キャリア教育を進めるにあたって、将来の夢を描くことが重要であるが、夢を描けていない若年者が多いので、夢を描くための指導を充実させるべきではないか、といった指摘がある。
2．キャリア教育を効果的に展開していくためには、教育課程全体を通じて必要な資質・能力の育成を図っていく取組みが重要になる。
3．キャリア教育については、職場体験活動のみをもって十分であり、これ以上のキャリア教育は必要ないのではないか、という意見が出されている。
4．高等学校の就業体験（インターンシップ）については、今後は就職を希望する生徒に特化してすすめることが期待されている。

問22　学校におけるキャリア教育で用いられる「キャリア・パスポート」に関する次の記述のうち、**最も適切なもの**はどれか。

1．「キャリア・パスポート」とは、各担任教師やゼミ担当が、小学校から大学までのキャリア教育に関わる諸活動について、生徒の変容や成長を評価できるよう工夫されたポートフォリオのことである。
2．「キャリア・パスポート」とは、児童生徒が、特別活動の学級活動（ホームルーム活動）を含めた各教科での学習状況を振り返り、自身の変容や成長を自己評価できるよう工夫されたポートフォリオのことである。
3．「キャリア・パスポート」とは、児童生徒が、小学校から高等学校までのキャリア教育に関わる諸活動について、自身の変容や成長を自己評価できるよう工夫されたポートフォリオのことである。
4．「キャリア・パスポート」とは、児童生徒が、小学校から大学までのキャリア教育に関わる諸活動について、自身の変容や成長を自己評価できるよう工夫されたポートフォリオのことである。

問23　「職場における心の健康づくり～労働者の心の健康の保持増進のための指針～」（厚生労働省、独立行政法人労働者健康安全機構）に関する次の記述のうち、**最も適切なもの**はどれか。

1.「セルフケア」では、労働者自身がストレスに気づき、ストレスへの対処などが行えるように支援することが重要であるため、労働者の自己責任に委ねられる。
2.「ラインによるケア」では、職場の管理監督者が人事労務的な視点からの職場環境等の把握と改善、労働者からの相談対応を行うことなどが重要である。
3.「事業場内産業保健スタッフ等によるケア」では、事業場外部からの情報提供や助言を受けるなどのサービスの活用、外部とのネットワークの形成だけを行い、実施はラインが行う。
4.「事業場外資源によるケア」では、心の健康づくりの計画や実施を行うには、事業場外スタッフが中心的な役割を担うことが重要であり、キャリアコンサルタントに期待されている分野である。

問24　適応障害に関する次の記述のうち、**最も適切なもの**はどれか。

1. しっかりとした薬物療法が大切であり、カウンセリングや環境調整による治療効果は薄いといわれている。
2. ストレスとなる状況や出来事がはっきりしており、その原因を解消することによってのみ回復が図られる。
3. 行動面の症状として、無断欠勤や無謀な運転、喧嘩、物を壊すなどが見られることがある。
4. 気分が高揚し、涙もろくなったり、過剰に心配したり、神経が過敏になったりすることはあまりない。

問25　「心理的な負担の程度を把握するための検査」（以下、ストレスチェック）に関する次の記述のうち、**最も適切なもの**はどれか。

1．ストレスチェックに使われる調査票には、仕事のストレス要因、心身のストレス反応の2つの領域に関するものが含まれている必要がある。
2．ストレスチェック制度の目的は、メンタルヘルス不調の未然防止（一次予防）である。
3．ストレスチェックの結果は、ストレスチェックを受けた労働者に対して、ストレスチェックを実施した医師等から事業主に渡し情報を共有してから、本人に通知させる。
4．常時101人以上の労働者を使用する事業場に実施義務がある。

問26　キャリア発達理論に関する次の記述のうち、**最も適切なもの**はどれか。

1．シャイン（Schein, E. H.）は、キャリア発達が職業的自己概念を発達・実現していくプロセスであると考え、職業的発達段階を提唱した。
2．フロイト（Freud, S.）は、心理社会的発達には8つの段階があり、各段階では対立する発達課題があると考えた。
3．ユング（Jung, C. G.）は、人生前半で排除してきた自己を見つめ、自己の中に取り入れる個性化のプロセスが、人生の後半における発達課題として重要であると考えた。
4．レビンソン（Levinson, D. J.）は、人の一生を一日の太陽の運行になぞらえ、40歳を人生の正午と呼んだ。

問27　スーパー（Super, D. E.）の発達段階説に関して、**最も適切なもの**はどれか。

1．成長段階、探索段階、確立段階、維持段階、解放（衰退、下降）段階
2．児童期と青年期、成人前期、中年期、老年期
3．乳児期、幼児前期、幼児後期、学童期、青年期、成人前期、成人期、老年期
4．成長・空想・探究、仕事の世界へのエントリー、基本訓練、キャリア初期、キャリア中期、キャリア中期の危機、キャリア後期、衰えおよび離脱、引退

問28　シュロスバーグ（Schlossberg, N.K.）の理論に関する次の記述のうち、**最も適切なもの**はどれか。

1．シュロスバーグの理論的視点からは、主に発達段階の移行期を転機（トランジション）と捉える。
2．トランジションを乗り越えるための資源として、Situation（状況）・Self（自己）・Support（周囲の援助）・Strategies（戦略）という４Sを提示した。
3．トランジションは１回限りとして、特に一般的なプロセスはモデル化していない。
4．多くのトランジションは克服できないものであると考えている。

問29　転機に関する次の記述のうち、**最も適切なもの**はどれか。

1．シュロスバーグ（Schlossberg, N. K.）は、転機を乗り切るために、状況（Situation）、自分自身（Self）、支援（Support）、構造（Structure）の４Sを点検しておくことが重要であるとした。
2．入社前に抱いていた期待と現実とのギャップにより衝撃を受けることを、ジェネレーションギャップという。
3．ブリッジス（Bridges, W.）によれば、トランジション・プロセスは、新しく始まるステージ、すなわち新たな生活のスタートから開始するとしている。
4．ニコルソン（Nicholson, N.）らによれば、トランジション・プロセスの展開は、準備期（Preparation）から遭遇（Encounter）、順応（Adjustment）の後に安定化（Stabilization）をたどるものとしている。

問30　治療と仕事の両立支援に関する次の記述のうち、**最も不適切なもの**はどれか。

1．事業主は、治療と仕事の両立支援を行うためであっても、症状、治療の状況等、従業員の疾病に関する情報の取得については、本人の同意が必要である。
2．治療と仕事の両立支援は、労働者本人からの申出に応じて、産業医と労働者本人を交えて相談しながら、各個人に対応した支援体制を確立させておくことが必要となる。
3．公平性の観点から、事業場ごとに疾病別のガイドラインを一律に定めることが求められ、個別性に応じるべきではない。
4．短時間の治療が定期的に繰り返されることなども想定されるが、労働基準法に基づく年次有給休暇は、労使協定を結べば、上限はあるが、１時間単位で与えることが可能である。

問31　非正規雇用に関する次の記述のうち、**最も適切なもの**はどれか。

1．企業は、外国人留学生を、週28時間以内しか雇用できない上限があり、一切の例外を認めていない。
2．労働者派遣は、厚生労働大臣からの許可が必要な事業であるが、無許可派遣事業主から派遣労働者を受け入れた場合の罰則などは存在しない。
3．有期労働契約が更新され通算して５年を超えるに至った場合には、労働者の申込みにより無期労働契約に転換できる。
4．事業主は、雇用する短時間労働者と通常の労働者との均衡を考慮し、職務の内容・成果・経験等を勘案し、その賃金に不平等を与えてはいけない。違反した場合には罰則規定がある。

問32　心理的な親和関係（ラポール）に関する次の記述のうち、**最も適切なもの**はどれか。

1．ラポールづくりは、相談者が安心してキャリアコンサルタントについていけるようにするため必要なかかわりである。
2．相談者を理解しようとするよりは、まず問題を正確に理解しようとする姿勢が大切である。
3．ラポールは、カウンセリングの全過程において重要であるが、特に初回面談でのラポールづくりは、その後のカウンセリングの方向性を定めるものとなるため重要である。
4．相手との心理的距離を近付けるためには、相手を思いやっていることが伝わるよう、できる限り同情を示しながら聴くことを心掛ける。

問33　キャリアシートに関する次の記述のうち、**最も不適切なもの**はどれか。

1．職務経歴書の作成は、キャリア形成という視点から過去、現在の自分を吟味し、未来につながるキャリア・プランを立てることにも役立つ。
2．履歴書の作成では、職務経歴書と重複する内容は記載してはならず、必要最小限の情報にとどめることが重要である。
3．職業能力開発促進法において、国は自発的な職業能力の開発および向上を促進するため、職務経歴等記録書の様式を定め、その普及に努めなければならないとしている。
4．ジョブ・カードは厚生労働省が様式を定め広く普及を進めており、最近ではオンライン上で作成・更新・保存できる新たなサイトの提供が開始された。

問34　グループアプローチに関する次の記述のうち、**最も適切なもの**はどれか。

1．非構成的グループ・エンカウンターは、何をするかを決めた上でグループメンバーを選定し、グループ内での当惑や否定的感情の表明などを通して相互信頼や自己直面に至る。
2．セルフヘルプ・グループは、同じ悩みや問題を抱えた人々が集まり、相互に援助し合うことを通じて自己の回復を図る治療グループである。
3．サイコドラマでは、5名前後のメンバーが車座になり、120分ほど話し合う中で「今ここ」で生じているプロセスに気付き、自他の言動や心理、生き方、グループの状況を吟味して、それらの気付きをより適切な行動へ活用する。
4．Tグループは、グループ・サイコセラピーの一つの技法で、即興劇という非言語のアクションを媒介にして自己理解や自己洞察をもたらす心理療法である。

問35　グループアプローチにおけるファシリテーターの役割に関する次の記述のうち、**最も適切なもの**はどれか。

1．ファシリテーターは、孤立したメンバーに対して、意見や価値観が異なっていても、それに理解を示し、共に歩もうとする姿勢で関わることが求められる。
2．グループ運営の方向性は、ファシリテーターだけが決める権利をもっている。
3．ファシリテーターは、メンバーが過去のこと、そのグループ以外のことを語ることがあった場合には、即座に止め、過去の話ではなく、今、この場面と関係あることを語るように促す必要がある。
4．ファシリテーターは、メンバーに安心感を持たせ、自己表明や自己探索を促すためには、ファシリテーター自身が司会することに徹し、自分の表情や本音は出さないほうが良い。

問36　相談場面の設定に関する次の記述のうち、**最も適切なもの**はどれか。

1．面談初期の相談者が、キャリアコンサルタントへの依存的態度や警戒感を持っている場合は、キャリアコンサルタントによる指導的な関係づくりが重要である。
2．初めての来談で職業情報の入手を求めた相談者に対しては、相談者の感情や態度に関心を向けることを割愛し、迅速な情報提供を行うことを優先する。
3．初めて来談した相談者に、精神的なショックを受け、自尊感情が傷ついている様子がうかがえる場合は、相談者の理解よりも、早急に問題解決の方法を検討する。
4．面談の初期でラポールを形成するためには、相談者がありのままの自己を開示できるように、キャリアコンサルタントが受容的態度、共感的理解、自己一致（純粋性）を実行することが有効である。

問37　システマティック・アプローチに関する次の記述のうち、**最も適切なもの**はどれか。

1．問題の把握：クライエントの来談の目的を把握し、カウンセラーがその問題を解決することを約束する。
2．目標の設定：解決すべき問題を吟味し、キャリアコンサルタントが主体となり解決に至る具体的な方策を選択し、行動ステップを組み立てていく。
3．方策の実行：意思決定、学習、自己管理を行いながら、選択した方策を実行する。
4．結果の評価：クライエントにとって方策は成功したのか、目標は達成したのかなど、クライエントの行動結果を評価する。

問38　自己理解に関わる理論や用語に関して、**最も不適切なもの**はどれか。

1．「コンピテンシー」とは、高い業績をコンスタントに示している人の行動や仕方などに見られる行動特性のことである。
2．自己理解すべき内容の一つに、スーパー（Super, D. E.）の提唱した「職業的適合性」があり、「能力」の下位項目として「適性」がある。
3．「エンプロイアビリティ」の構造・内容には、動機・人柄・性格・信念・価値観等の不可視の部分も含まれる。
4．高校生や大学生などの望ましい職業選択のためには、シャイン（Schein, E. H.）の提唱した、8つの「キャリア・アンカー」のどれに自分が該当するのかを吟味させる必要がある。

問39　自己理解の方法に関する次の記述のうち、**最も適切なもの**はどれか。

1. 検査法では、必ず複数の検査を組み合わせて、実施をしなければならない。
2. キャリアカウンセリングにおける自己理解とは、心理検査による測定できる客観的な側面を理解することに限定される。
3. 観察法とは、クライエントの表情・態度・発言・行動などを観察し、それらを客観的に記録・分析して必要な情報を得る方法である。
4. 面接法では、援助に必要な情報の収集と信頼関係の確立、援助への導入を行うが、その方法は、カウンセリングの一般原則・方法とキャリアコンサルティングの方法では大きく異なる。

問40　職業情報に関する次の記述のうち、**最も適切なもの**はどれか。

1. VPI職業興味検査は全年齢を対象に活用できるツールである。
2. OHBYカードは、職業カードソート技法を行うために開発された、カード式職業情報ツールである。
3. キャリア・インサイト（統合版）は、職業選択に役立つ適性評価、適性に合致した職業リストの参照、キャリアプランニングなどを実施できるシステムであるが、職業情報の検索を行うことはできない。
4. 職業レディネステストは新入社員などの職務経験の浅い人を対象に行う適性検査である。

問41　ハローワークインターネットサービスに関する次の記述のうち、**最も不適切なもの**はどれか。

1．ハローワークインターネットサービスでは、障害のある人向けの求人を検索できる。
2．ハローワークインターネットサービスでは、求職申込みをインターネットからも行うことができる。
3．ハローワークインターネットサービスの利用は、ハローワークの窓口利用時間に限られず、いつでも可能である。
4．ハローワークインターネットサービスの求人情報は、週に一度更新されている。

問42　キャリア形成およびキャリアコンサルティングについての教育ならびに普及活動に関する次の記述のうち、**最も不適切なもの**はどれか。

1．キャリア形成支援の重要性を社会に広め、定着させることを目的に、従業員の自律的なキャリア形成支援について、模範となる取組みを行っている企業等を表彰するグッドキャリア企業アワードが実施されている。
2．キャリア形成につながる仕組みとしてのセルフ・キャリアドック導入が推奨されているが、その場合、組織代表の関与は推奨されていない。
3．インターンシップは、企業等において就業体験をするプログラムとして就職活動やキャリア教育と深く結び付いており、大学生に限らず実施されている。
4．キャリア形成・学び直し支援センターでは、企業に対して、雇用型訓練の実施、セルフ・キャリアドックの導入等の支援を行っている。

問43　キャリア形成やキャリアコンサルティングの教育・普及活動に関する次の記述のうち、**最も適切なもの**はどれか。

1．キャリア教育は、若年層の社会人だけではなく、学生などのもっと若い層にとっても有効である。
2．働くことに関する悩みを抱えている若者に対する相談や就労に向けた支援を行う「地域若者サポートステーション」は、全ての市に設置されているが、町村には設置されていない。
3．キャリアコンサルティングを企業内で有効に活用していくためには、キャリアコンサルティングを従業員に実施することが最も有効であり、継続的な情報発信は労力に対して効果が見合わないので避けるべきである。
4．企業内でキャリア自律とその支援を行う組織風土を構築するためには、現場管理者の理解が重要であり、経営者のコミットメントまでは必要としない。

問44　キャリアコンサルタントの環境への働きかけに関して、**最も不適切なもの**はどれか。

1．相談者の抱える問題に関して所属する部署や経営層とコンタクトをとる必要がある場合は、緊急時を除いて、まずは相談者の了承を得るべきである。
2．企業内の相談者からの相談で、他の専門家と協働して支援する必要がある場合、支援のための資源は守秘義務の観点から社内にとどめ、社外に求めるべきではない。
3．キャリアコンサルタントは、職場環境を健全に保つために、職場の管理職に対する問題点の指摘や教育研修の企画等を関係部署と連携しながら支援していくことも求められる。
4．相談者が自らのキャリア形成について考え、実現させるための環境を確保できるよう、組織経営の責任者や管理職に必要な働きかけを行うことは、キャリアコンサルタントの大切な役割の一つである。

問45　キャリアコンサルタントの環境への働きかけの認識と実践に関する次の記述のうち、**最も不適切なもの**はどれか。

1．相談者への支援では、相談者の家族や職場の人々は大切なサポート資源であるが、場合によってはこれら周囲の人々を活用できないことを留意すべきである。
2．企業に対するキャリアコンサルティングの導入や定着に、経営トップの支援や理解を求めることは重要であり、キャリアコンサルタントは経営トップや人事と協力して導入を図ることが肝心である。
3．大学等で活躍するキャリアコンサルタントは、職業情報・業界情報について高い知識が必要とされ、正課外で実施されるインターンシップに関する支援も求められる。
4．キャリアコンサルタントは、個別の相談者への支援では解決できない企業内の問題を発見した場合、即座に社内関係者に相談者の具体的な情報も含め解決すべき問題として報告する義務がある。

問46　キャリアコンサルタントのネットワークの認識と実践に関する次の記述のうち、**最も不適切なもの**はどれか。

1．地域若者サポートステーション等、若年者就労支援の場では、個々の相談者への相談・就労支援を行っているが、一方で地域の中小企業経営者団体等とのネットワーク形成も重要である。
2．キャリアコンサルタントが、自身の専門能力を高める上で、自分の活動フィールドの隣接領域の専門家から学べることは多く、当該専門家とのネットワークを形成することは推奨されている。
3．セルフ・キャリアドック等の企業におけるキャリア支援の仕組みを導入するには、キャリアコンサルタントが中心となって行うことが重要であり、評価・処遇に影響を与える人事部門との連携は図らないほうが望ましい。
4．発達障害や精神障害などを抱える学生の就労支援では、学生相談室や学内職員だけではなく、学外の専門機関との連携も重要である。

問47　スーパービジョンに関する次の記述のうち、**最も不適切なもの**はどれか。

1．スーパービジョンでは、スーパーバイジーの能力レベルや専門性の違いを考慮し、スーパーバイジーに合わせて行うことが効果的である。
2．スーパーバイザーとスーパーバイジーには、役割関係を通した上下関係が存在する。
3．スーパービジョンは教育のプロセスであり、問題解決などの具体的なアドバイスや情報提供は避けるべきである。
4．スーパーバイザーの助言に納得できない場合には、スーパーバイジーはその場で率直に自分の意見を述べていくことで、よりよい成長につながる。

問48　キャリアコンサルタントとしての自己研鑽に関する次の記述のうち、**最も適切なもの**はどれか。

1．個人のキャリア観の変化、ストレス、アイデンティティの葛藤に対する支援についても、キャリアコンサルティングでは重要であり学んでいくとよい。
2．個々のキャリア理論やアプローチのしっかりとした理解の上で、それを活用することであり、得意な理論を実践することが最も大切である。
3．キャリアコンサルタントは、個人のキャリアを援助するために相談者に寄り添うことが必要であり、社会変動や法律についての知識は必要ではない。
4．キャリアコンサルタントは、心理学、精神医学などはメンタルヘルスの相談が増えているため、専門家と同等の知識の習得を目指さなければならない。

問49　キャリアコンサルタントの守秘義務に関する次の記述のうち、**最も適切なもの**はどれか。

1．キャリアコンサルタントに課せられる守秘義務の範囲は、クライエントの氏名・性別・職業・所属先名に限られる。
2．キャリアコンサルタントは、守秘義務の観点から、面談の終結後直ちにケース記録を破棄し、保存してはならない。
3．キャリアコンサルタントは、業務に関して知り得た秘密は、キャリアコンサルタントでなくなった後は守秘義務を守る義務はないので、氏名・職業を除き第三者に伝えてもよい。
4．キャリアコンサルタントの守秘義務は義務であり、法的根拠もある。

問50　あるべきキャリアコンサルタント像に関する次の記述のうち、**最も適切なもの**はどれか。

1．自らの自己理解に努めるよりも、キャリアコンサルタントとしての最新の知識を深めるほうがよい。
2．自らの能力・態度等の課題に目を向け、その解決に取り組むべく「学び」「振り返り」を継続することが大切である。
3．キャリアコンサルタントは、自らの助言・指導を「私は～と思う」と個人的見解として伝えれば、クライエントに与える影響を意識する必要はない。
4．キャリアコンサルティングでは個別の相談対応力の成長を重視すべきであり、活動の基にある理論的根拠や労働関連法規を意識する必要はない。

模擬問題①　正解表

問題No.	正解
問1	4
問2	3
問3	3
問4	1
問5	2
問6	2
問7	2
問8	3
問9	4
問10	1
問11	3
問12	2
問13	4
問14	3
問15	2
問16	4
問17	2
問18	3
問19	4
問20	2
問21	2
問22	3
問23	2
問24	3
問25	2

問題No.	正解
問26	3
問27	1
問28	2
問29	4
問30	3
問31	3
問32	3
問33	2
問34	2
問35	1
問36	4
問37	3
問38	4
問39	3
問40	2
問41	4
問42	2
問43	1
問44	2
問45	4
問46	3
問47	3
問48	1
問49	4
問50	2

模擬問題①　解答解説

問１　第11次職業能力開発基本計画（厚生労働省、2021年３月）に示された、労働者の自律的・主体的なキャリア形成支援を目的とした学びの支援施策として、**最も適切なもの**はどれか。

（正解：４）

1．×　「労働者が実務経験を通じた主体的な能力の向上や学び直しの意欲の維持・向上が可能となるよう、社内公募制やフリーエージェント制等の導入その他の労働者の自発性、適性及び能力を重視した的確な配置並びに処遇上の配慮が可能となる制度の普及促進を図る。」が正しい。「社会・経済の動向を重視した…」が誤り。

2．×　「在職者が自発的な学び直しのための時間を確保できるよう、新たに教育訓練休暇を導入・適用する企業に対して人材開発支援助成金により経費等を助成すること等により、教育訓練休暇や教育訓練短時間勤務制度の普及を促進する。」が正しい。「教育訓練給付金制度や公的職業訓練制度の普及」ではない。

3．×　「労働者の主体的な職業能力開発を支援するため、関係省庁とも連携しつつ、教育訓練給付の対象講座の充実に努めるとともに、教育訓練給付の対象講座に関する情報が得やすくなるよう、学び直しに関するポータルサイトと連携する等の情報へのアクセスの改善に取り組む。」が正しい。「産業界・企業とも連携」ではなく、「関係省庁とも連携」が正しい。

4．○　その通り。

問２　「働く環境の変化に対応できるキャリアコンサルタントに関する報告書」（厚生労働省、2021年）で示されているキャリアコンサルタントに求められる役割・アクションに関する次の記述のうち、**最も不適切なもの**はどれか。

（正解：３）

1．○　その通り。

2．○　その通り。

3．×　「実践力の向上を図る上で、実践経験の多寡によらず、キャリアコンサルティングに係るスーパービジョンを受けることが不可欠」が正しい。「実践経験が少ない間」だけではない。

4．○　その通り。

問３　キャリアコンサルティングの役割と意義に関する次の記述のうち、**最も適切なもの**どれか。

（正解：３）

１．×　本人の意思があれば、職場に合うように個人の適合性を引き上げるための役割を担うことが重要であるが、職場や本人が望まない場合に意思に反して行うことは問題である。

２．×　病気の場合にはリファーは行うが、心の病気にならないためのコミュニケーションをとれる環境を作るかかわりはキャリアコンサルタントにも求められている。

３．○　教育分野におけるキャリアコンサルタントの活動範囲には、小学校も含まれる。

４．×　メンタルヘルス上の問題が起こったときの相談対応は、キャリアコンサルタントが初期に対応することもあるが、基本的にはリファーし、産業医や医師と連携しながら支援をする。

問４　シャイン（Schein, E. H.）のキャリア・アンカーに関する次の記述のうち、**最も不適切なもの**はどれか。

（正解：１）

１．×　純粋な挑戦は、困難な仕事に取り組みたいと望む。日常的に起こる単純なことを求め、変化を避けるのは「安全・安定」のキャリア・アンカーが近い。

２．○　その通り。

３．○　その通り。

４．○　その通り。

問５　スーパー（Super, D. E.）の理論に関する次の記述のうち、**最も不適切なもの**はどれか。

（正解：２）

１．○　その通り。

２．×　成人期以降のキャリア行動は、その個人の暦年齢ではなく、社会的年齢によって規定される。また、個人差も大きいと考えた。

３．○　その通り。

４．○　その通り。

問６　キャリアの理論に関する次の記述のうち、**最も適切なもの**はどれか。

（正解：２）

１．×　クランボルツの理論。バンデューラによって提唱された社会的学習理論をキャリア意思決定に応用して理論化しており、キャリア意思決定に影響を与える４つの要因の一つに学習経験を挙げている。

２．○　その通り。スーパーの発達的アプローチに関する14の命題に記されていることの説明である。「３．職業に就いている人に多様性が見られるように、個人も多様な職業に就く許容性を有している。」

３．×　ヒルトンの認知的不協和理論の内容である。意思決定は、外界からの入力と環境との不協和、それに対する耐性、および再調整によって行われるとしている。

４．×　人間の個人差と職業の職業差をうまく合致されることを良い職業選択であると考えたのは、マッチングの理論とも呼ばれ、職業指導の創始者とも呼ばれるパーソンズが有名である。

問７　クランボルツ（Krumboltz, J. D.）の理論に関する次の記述のうち、**最も適切なもの**はどれか。

（正解：２）

１．×　計画的偶発性理論では「未決定」を望ましいものと捉えている。

２．○　バンデューラによって提唱された社会的学習理論をキャリア意思決定に応用して理論化しており、キャリア意思決定に影響を与える４つの要因の一つに学習経験を挙げている。直接の記述が見当たらないものの、内容は適切である。

３．×　人生の出来事の視点から見た「トランジション（転機）」への対処プロセスを提唱したのは、シュロスバーグである。

４．×　キャリアを「外的キャリア」、「内的キャリア」という２軸で見ることを提唱したのは、シャインである。

問8　ホール（Hall, D. T.）が提唱したプロティアン・キャリアと伝統的キャリアの対比に関する次の記述のうち、**最も不適切なもの**はどれか。

（正解：3）

1．○　その通り。

2．○　その通り。

3．×　逆である。重要な態度側面としては、伝統的キャリアにおいては組織コミットメントであり、プロティアン・キャリアでは仕事満足感である。

4．○　その通り。

問9　ロジャーズ（Rogers, C. R.）の来談者中心アプローチにおいて、クライエントが変容するために必要なカウンセラーとクライエントの関係に関する次の記述のうち、**最も適切なもの**はどれか。

（正解：4）

1．×　カウンセラーはクライエントの世界を感じ取り、内的照合枠を共感的に理解するが、クライエントがカウンセラーの世界を感じ取る必要はない。

2．×　「お互いに」ではない。カウンセラーはクライエントに対して無条件で肯定的な関心を持つが、クライエントはそれを行う必要はない。

3．×　逆。クライエントは自己不一致の状態に、カウンセラーは自己一致の状態にいる。

4．○　その通り。

問10　カウンセリング理論と関連するキーワードを示した次の記述のうち、**最も適切なもの**はどれか。

（正解：1）

1．○　その通り。

2．×　バーン（Berne, E.）は交流分析、ストローク、脚本分析など。防衛機制はフロイト。

3．×　エリス（Ellis, A.）はREBT、ABC理論、非合理的な信念（IB）、論駁などが正しい。漸成的発達理論、モラトリアムはエリクソン。

4．×　構成的エンカウンターグループは國分康孝。ロジャーズは非構成的エンカウンターグループ。

問11　職業能力開発促進法に関する次の記述のうち、**最も適切なもの**はどれか。

（正解：３）

1．×　「第１条　職業に必要な労働者の能力を開発し、及び向上させることを促進し、もって、職業の安定と労働者の地位の向上を図る…。」とあり、本肢の内容は書かれていない。

2．×　長期見通しに基き定められなければならない。

3．○　その通り。

4．×　「第４条　事業主は、その雇用する労働者に対し、必要な職業訓練を行うとともに、その労働者が自ら職業に関する教育訓練又は職業能力検定を受ける機会を確保するために必要な援助…」とあり、「事業主の指定する職業に関する」が誤り。

問12　「第11次職業能力開発基本計画（令和３年度～令和７年度）（概要）」に示された内容に関する次の記述のうち、**最も適切なもの**はどれか。

（正解：２）

1．×　正しくは、「Society5.0の実現に向けた経済社会の構造改革の進展を踏まえ、IT人材など時代のニーズに即した人材育成を強化するとともに、職業能力開発分野での新たな技術の活用や企業の人材育成の強化を図る」。

2．○　「労働者の自律的・主体的なキャリア形成の推進」の内容として正しい。

3．×　正しくは、「中長期的な日本型雇用慣行の変化の可能性や労働者の主体的なキャリア選択の拡大を視野に、雇用のセーフティネットとしての公的職業訓練や職業能力の評価ツールなどの整備を進める」。

4．×　正しくは、「希望や能力等に応じた働き方が選択でき、誰もが活躍できる全員参加型社会の実現のため、全ての者が少しずつでもスキルアップできるよう、個々の特性やニーズに応じた支援策を講じる」。

問13　リカレント教育に関する次の記述のうち、**最も不適切なもの**はどれか。

（正解：４）

1．○　その通り。特定一般教育訓練は令和元年10月１日に新設。「ITスキルなどキャリアアップ効果の高い講座を対象に給付率を２割から４割に倍増する」とされたことを踏まえ、労働者の速やかな再就職と早期のキャリア形成に資する教育訓練として新設されたものである。

2．○　その通り。OECD（経済協力開発機構）が2012年に実施した「国際成人力調査」によると、日本の「30歳以上の成人の通学率」は1.6％で、調査対象となったOECD加盟国等18か国中で最低。

3．○　その通り。

4．×　「何を学ぶか」、「どのように学ぶか」、「どう活躍するか」が正しい。また社会人基礎力となる、「考え抜く力」、「前に踏み出す力」、「チームで働く力」は覚えておくとよい。この「キャリアプランニング能力」、「課題対応能力」、「自己理解・自己管理能力」「人間関係形成・社会形成能力」は、キャリア教育の「社会的・職業的自立、学校から社会・職業への円滑な移行に必要な力」の要素の説明。

問14　厚生労働省の「職業能力評価基準」に関する次の記述のうち、**最も不適切なもの**はどれか。

（正解：３）

1．○　その通り。

2．○　その通り。

3．×　10ではなく４つの能力段階を設定。

4．○　その通り。

問15　日本企業の人事管理の現状に関する次の記述のうち、**最も適切なもの**はどれか。

(正解：2)

1．×　職能資格制度では、職位と職能資格には一定の対応関係はあるが、「昇進＝昇格」とは限らない。職位に対応する等級がまたがっている場合や特定の職位のポストに空きがない場合など、昇進しても資格は変わらない、あるいは昇格しても職位は変わらないということも起こり得る。

2．○　その通り。職能資格制度を導入している企業では、従業員の処遇は役職とは独立して運用される資格によって管理されている。

3．×　企業は裁量労働制が適用されている労働者に対しても、働き過ぎを防止し、健康に配慮する義務を負っている。

4．×　役職定年制とは、定年の前に、ある年齢に達したことなどを理由に部長や課長などといった役職から外れる制度のことである。

問16　セルフ・キャリアドックに関する次の記述のうち、**最も不適切なもの**はどれか。

(正解：4)

1．○　その通り。

2．○　その通り。

3．○　その通り。セルフ・キャリアドックの対象従業員の上司にあたる管理職に、セルフ・キャリアドックの目的・内容を知ってもらい、キャリアコンサルタントや人事部門と一緒になって対象従業員の支援に関わってもらわなければならない。

4．×　セルフ・キャリアドックは、従業員のキャリア意識やモチベーションが高まることを主たる目的としているが、その結果企業の人材確保や定着率、生産性が向上し、企業の活性化を促し、企業が抱える様々な人材育成上の課題へも対応できるという効果がある。

問17　わが国の雇用や労働市場の状況についての調査・報告に関する次の記述のうち、**最も適切なもの**はどれか。

（正解：2）

1．×　出産・育児や介護・看護による離職者数の報告も含まれている。
2．○　その通り。
3．×　そのような指標はない。
4．×　賃金、労働時間および雇用の変動を明らかにすることを目的に実施される調査。

問18　賃金に関する法令についての次の記述のうち、**最も適切なもの**はどれか。

（正解：3）

1．×　労働基準法第24条では、賃金は、通貨で、直接労働者に、その全額を支払わなければならない、と規定されている。ただし、労働協約等によって別段の定めがあれば現物支給が認められる場合もある。
2．×　含まれる。労働基準法における「平均賃金」とは、これを算定すべき事由の発生した日以前３か月間に支払われた賃金の総額（通勤手当、皆勤手当、時間外手当など諸手当含む）を、その期間の総日数で除した金額をいう。
3．○　その通り。
4．×　労働基準法第25条には非常時（出産、結婚、病気、災害等）について、給料日前でも給料を払うように定めている。

問19　労働契約の終了に関する次の記述のうち、**最も適切なもの**はどれか。

（正解：4）

1．×　「65歳までの定年の引上げ」「65歳までの継続雇用制度の導入」「定年の廃止」のいずれかの措置を実施する必要があるため、定年を60歳に定めることに問題はない。

2．×　使用者が有期労働契約を更新する場合があると明示したときは、労働者に対して、契約を更新する場合またはしない場合の判断の基準を明示しなければならない。

3．×　使用者は、雇止めの予告後に労働者が雇止めの理由について証明書を請求した場合は、遅滞なくこれを交付しなければなりません。

4．○　その通り。退職にあたっての理由を会社に説明する義務はない。

問20　労働保険、社会保険に関する次の記述のうち、**最も不適切なもの**はどれか。

（正解：2）

1．○　その通り。

2．×　労働者災害補償保険は、「療養（補償）給付」「休業（補償）給付」「障害（補償）給付」「傷病（補償）年金」「介護（補償）給付」「遺族（補償）給付」「葬祭給付」「二次健康診断等給付」を給付対象としている。また、業務上、通勤上の災害が対象となる。

3．○　その通り。

4．○　その通り。

問21 「幼稚園、小学校、中学校、高等学校及び特別支援学校の学習指導要領等の改善及び必要な方策等について（答申）」（中央教育審議会、平成28年12月）で述べられた、キャリア教育に関する次の記述のうち、**最も適切なもの**はどれか。

（正解：2）

1．× 将来の夢を描くことばかりに力点が置かれ、「働くこと」の現実や必要な資質・能力の育成につなげていく指導が軽視されていたりするのではないか、といった指摘もある。

2．○ その通り。

3．× 「キャリア教育については、職場体験活動のみをもって、キャリア教育を行ったものとしているのではないか」、との課題が指摘されている。

4．× 高等学校の就業体験（インターンシップ）については、これまで主に高等学校卒業後に就職を希望する生徒が多い普通科や専門学科での実習を中心に行われてきたが、今後は、大学進学希望者が多い普通科の高等学校においても、例えば研究者や大学等の卒業が前提となる資格を要する職業も含めた就業体験（いわゆる「アカデミック・インターンシップ」）を充実するなど、それぞれの高等学校や生徒の特性を踏まえた多様な展開が期待される。

問22 学校におけるキャリア教育で用いられる「キャリア・パスポート」に関する次の記述のうち、**最も適切なもの**はどれか。

（正解：3）

1．× 「児童生徒が」、キャリア教育に関わる諸活動について自身の変容や成長を自己評価できるよう工夫されたポートフォリオ。また、「小学校から高等学校まで」である。

2．× 「各教科での学習状況」ではなく、「キャリア教育に関わる諸活動について」である。

3．○ その通り。

4．× 小学校から高等学校までである。

問23　「職場における心の健康づくり～労働者の心の健康の保持増進のための指針～」（厚生労働省、独立行政法人労働者健康安全機構）に関する次の記述のうち、**最も適切なもの**はどれか。

（正解：２）

1．×　労働者に対してストレスやメンタルヘルスに対する正しい理解、ストレスへの気付き、ストレスへの対処などが行えるように支援することが重要である。情報提供や、教育研修は会社の取組みとして必要。

2．○　その通り。

3．×　事業場内産業保健スタッフ等によるケアでは、セルフケアおよびラインによるケアが効果的に実施されるよう、労働者および管理監督者に対する支援を行うとともに、心の健康づくり計画の実施にあたり、中心的な役割を担うことになる。職場復帰における支援なども重要な役割である。

4．×　中心は管理監督者、事業場内産業保健スタッフ等。またキャリアコンサルタントの表記は、残念ながらない。

問24　適応障害に関する次の記述のうち、**最も適切なもの**はどれか。

（正解：３）

1．×　薬物療法も治療法の一つだが、カウンセリングや環境調整も重要である。

2．×　適応障害は、ストレスとなる状況や出来事がはっきりしているので、その原因から離れることで、症状は次第に改善するといわれている。原因を解消することによってのみというのが誤り。

3．○　その通り。

4．×　気分が高揚し、涙もろくなったり、過剰に心配したり、神経が過敏になったりすることもある。

問25 「心理的な負担の程度を把握するための検査」（以下、ストレスチェック）に関する次の記述のうち、**最も適切なもの**はどれか。

（正解：2）

1．× 仕事のストレス要因、心身のストレス反応、周囲のサポートの３つの領域。

2．○ その通り。労働者のメンタルヘルス不調の未然防止（一次予防）が主な目的である。

3．× ストレスチェックを受けた労働者に対して、当該ストレスチェックを実施した医師等から、その結果を直接本人に通知させる（個人情報の観点から）。

4．× 50人以上。

問26 キャリア発達理論に関する次の記述のうち、**最も適切なもの**はどれか。

（正解：3）

1．× スーパー（Super, D. E.）は、キャリア発達が職業的自己概念を発達・実現していくプロセスであると考え、職業的発達段階を提唱した。

2．× エリクソン（Erikson, E. H.）は、心理社会的発達には８つの段階があり、各段階では対立する発達課題があると考えた。

3．○ その通り。ユング（Jung, C. G.）は、人生前半で排除してきた自己を見つめ、自己の中に取り入れる個性化のプロセスが、人生の後半における発達課題として重要であると考えた。

4．× ユング（Jung, C. G.）は、人の一生を一日の太陽の運行になぞらえ、40歳を人生の正午と呼んだ。

問27 スーパー（Super, D. E.）の発達段階説に関して、**最も適切なもの**はどれか。

（正解：1）

1．○ スーパー（Super, D. E.）の発達段階。

2．× レビンソン（Levinson, D.J.）。成人期を四季にたとえ「児童期と青年期、成人前期、中年期、老年期」とした。

3．× エリクソン（Erikson, E. H.）。発達段階を８つに分けて説明。

4．× シャイン（Schein, E. H.）のキャリア・サイクルの段階と課題。

問28　シュロスバーグ（Schlossberg, N.K.）の理論に関する次の記述のうち、**最も適切なもの**はどれか。

（正解：２）

１．×　発達段階とは別のものとしてとらえた。
２．○　その通り。
３．×　４Ｓ理論としてモデル化している。
４．×　多くのトランジションは克服できるとした。

問29　転機に関する次の記述のうち、**最も適切なもの**はどれか。

（正解：４）

１．×　状況（Situation）、自分自身（Self）、支援（Support）、戦略（Strategies）の４Ｓを点検しておくことが重要であるとした。構造（Structure）が間違い。
２．×　入社前に抱いていた期待と現実とのギャップにより衝撃を受けることを、リアリティ・ショックという。ジェネレーションギャップは世代間の認識・感覚の違いのこと。
３．×　ブリッジス（Bridges, W.）によれば、トランジション・プロセスは、終焉（何かの終わり）から始まる。
４．○　その通り。

問30　治療と仕事の両立支援に関する次の記述のうち、**最も不適切なもの**はどれか。

（正解：３）

１．○　その通り。
２．○　その通り。
３．×　病状によって一律に定めることはできないため、個別性を考慮することが必要。
４．○　その通り。

問31　非正規雇用に関する次の記述のうち、**最も適切なもの**はどれか。

（正解：３）

1．×　企業は、外国人留学生を、週28時間以内しか雇用できない上限がある。長期休暇特例として、夏休み中などは週40時間まで拡大される。

2．×　労働者派遣は、厚生労働大臣からの許可が必要な事業であり、無許可派遣事業主から派遣労働者を受け入れた場合、派遣先企業にも罰則がある。

3．○　その通り。有期労働契約が更新され通算して５年を超えるに至った場合には、労働者の申込みにより無期労働契約に転換できる。

4．×　同一労働、同一賃金に違反した場合に罰則規定はなく、法的拘束力もない。

問32　心理的な親和関係（ラポール）に関する次の記述のうち、**最も適切なもの**はどれか。

（正解：３）

1．×　キャリアコンサルティングは「クライアント主導」で行われるものです。ラポール形成も「キャリアコンサルタントについていけるように」行うことは誤り。

2．×　まずは問題よりも相談者を理解する。

3．○　その通り。

4．×　思いやりを伝えることは同情を示すこととは異なる。

問33　キャリアシートに関する次の記述のうち、**最も不適切なもの**はどれか。

（正解：２）

1．○　その通り。職務経歴書の作成は、記載の通りであり、自己理解にも役立つ。

2．×　「履歴書」は学歴、職務経歴、資格などを記載する欄があり、職務経歴書の内容と重複することもありうる。

3．○　その通り。職業能力開発促進法で、国は労働者の職業生活設計に即した自発的な職業能力の開発および向上を促進するため、労働者の職務の経歴、職業能力その他の労働者の職業能力の開発および向上に関する事項を明らかにする書面の様式を定め、その普及に努めなければならないとされている。

4．○　その通り。ジョブ・カードは厚生労働省が様式を定め広く普及を進めている。また、令和４年10月にジョブ・カードをオンライン上で作成・更新・保存できる新たなサイト「マイジョブ・カード」の提供も開始された（https://www.job-card.mhlw.go.jp/）。

問34　グループアプローチに関する次の記述のうち、**最も適切なもの**はどれか。

（正解：２）

1．×　非構成的グループ・エンカウンターは、自発的に集まった少人数のメンバーにより構成されるのが基本。

2．○　その通り。

3．×　サイコドラマは、演劇の枠組みと技法を用いた心理療法のこと。

4．×　Ｔグループは、「トレーニンググループ」の略称。５～10人ほどのグループを作り、議題なしの対話を繰り返すことで人間関係に関するトレーニングを行うグループアプローチの一形態。

問35　グループアプローチにおけるファシリテーターの役割に関する次の記述のうち、**最も適切なもの**はどれか。

（正解：１）

1．○　その通り。

2．×　グループ運営の方向性は、ファシリテーターだけではなく参加者も決める権利をもっている。

3．×　ファシリテーターは、メンバーが過去のこと、そのグループ以外のことを語ることがあっても、「いま・ここ」の場面との関係で語られているという視点から理解し、かかわる必要がある。語りは止めない。

4．×　ファシリテーターは、メンバーに安心感を持たせ、自己表明や自己探索を促すためには、ファシリテーター自身が、グループの過程のその時々に経験する感情や考え、それに基づいた表情や身体の動きをそのまま率直に表現してかかわる必要がある。

問36　相談場面の設定に関する次の記述のうち、**最も適切なもの**はどれか。

（正解：４）

1．×　指導的な関係づくりが誤り。相談者の主体性を尊重する相互関係が必要。

2．×　相談者の感情や態度に関心を向けることを重要視する。これは関係構築であり、割愛してはいけない。

3．×　まずは相談者の理解を行う。

4．○　その通り。

問37　システマティック・アプローチに関する次の記述のうち、**最も適切なもの**はどれか。

（正解：３）

１．×　来談の目的、何が問題なのかを明確にする。問題にはクライエントの問題とカウンセラーが認識する問題とが違う場合がある。それを両者が相互に共有し、確認する。

２．×　キャリアコンサルタントが主体とは限定されておらず、むしろクライエント主体であることが望ましい。解決すべき問題を吟味し、最終目標を決定する。そのプロセスは、まず、クライエントに悩みや阻害要因に気付かせる。次に具体的ないくつかの方策を選択し、それを一連の行動ステップに組み立てる。契約を結ぶことによってクライエントのコミットメントを確かにする。

３．○　その通り。意思決定、学習、および自己管理について、選択した方策を実行する。

４．×　実行した方策とカウンセリング全体について結果を評価する。クライエントにとって方策は成功したか、カウンセラーはやるべきことをやったか、目標は達成したか、ケースを終了してよいか、などである。クライエントのことだけを評価するのではない。

問38　自己理解に関わる理論や用語に関して、**最も不適切なもの**はどれか。

（正解：４）

１．○　その通り。

２．○　その通り。

３．○　その通り。

４．×　キャリア・アンカーは仕事を行う中で形成され、キャリア中期の危機において整理される。高校生や大学生などの職務経験のない人にキャリア・アンカーのアセスメントをあてはめるのは相応しくない。

問39　自己理解の方法に関する次の記述のうち、**最も適切なもの**はどれか。

（正解：３）

1．×　検査法では、複数の検査を組み合わせて、実施することもあるが、必ずしなければならない訳ではない。

2．×　キャリアカウンセリングにおける自己理解とは、心理検査による側面もあるが、カウンセラーによる観察、面接を通じてクライエントがありのままの自分を知ることも含まれる。

3．○　その通り。観察法とは、キャリアコンサルタントがクライエントの表情・態度・行動などを観察し、それらを客観的に記録・分析して必要な情報を得る方法である。

4．×　面接法での方法はカウンセリングの一般原則、方法（共感的理解、無条件の肯定的関心、自己一致など）とは大きくは異ならない。

問40　職業情報に関する次の記述のうち、**最も適切なもの**はどれか。

（正解：２）

1．×　短大生・大学生を中心に活用できるツールである。

2．○　その通り。OHBYカードは「職業ハンドブックOHBY」を48枚の必要最小限のカードにまとめたもの。

3．×　キャリア・インサイト（総合版）で職業情報の検索を行うことはできる。

4．×　中高生を対象とし、場合により大学生も使えるもので、基礎的志向性と職業志向性を測ることにより、職業に対する準備度（レディネス）を把握することができるもの。

問41　ハローワークインターネットサービスに関する次の記述のうち、**最も不適切なもの**はどれか。

（正解：４）

1．○　障害者求人も検索可能である。

2．○　できる（「オンライン登録者」としてオンライン上での求職登録が可能。後日ハローワーク来所時に職業相談窓口にて、「利用（来所）登録者」に求職区分が変更される）。

3．○　24時間365日検索は可能である。

4．×　平日は毎日更新。

問42　キャリア形成およびキャリアコンサルティングについての教育ならびに普及活動に関する次の記述のうち、**最も不適切なもの**はどれか。

（正解：2）
1．○　その通り。
2．×　組織代表からのコミットメントを得て、組織の理念のもとセルフ・キャリアドックを導入することが推奨されている。
3．○　その通り。
4．○　その通り。

問43　キャリア形成やキャリアコンサルティングの教育・普及活動に関する次の記述のうち、**最も適切なもの**はどれか。

（正解：1）
1．○　キャリア教育は、学生や若年層の社会人により効果的であり、小学校から大学まで実施されている。
2．×　「地域若者サポートステーション」は、全ての都道府県に設置されている。全ての市区町村には設置されていない。
3．×　キャリアコンサルティングを企業内で有効に活用していくためには、社内報への継続的な記事掲載など、社員全体の理解を深める啓発活動も有効である。
4．×　現場管理者の理解促進は重要だが、経営者のコミットメントも同じく重要である。

問44　キャリアコンサルタントの環境への働きかけに関して、**最も不適切なもの**はどれか。

（正解：2）
1．○　その通り。
2．×　社外にも積極的に他の専門家との協働関係や資源を求める。
3．○　その通り。
4．○　その通り。

問45　キャリアコンサルタントの環境への働きかけの認識と実践に関する次の記述のうち、**最も不適切なもの**はどれか。

（正解：４）

1．○　その通り。家族や職場の人が問題の原因である場合も考えられるため（DVやパワハラ・セクハラなど）。

2．○　その通り。

3．○　その通り。

4．×　キャリアコンサルタントは、個別の相談者への支援では解決できない企業内の問題を発見した場合、『相談者の同意の上で』具体的問題として報告する。原則として守秘義務の観点から相談者の同意が必要。

問46　キャリアコンサルタントのネットワークの認識と実践に関する次の記述のうち、**最も不適切なもの**はどれか。

（正解：３）

1．○　その通り。

2．○　その通り。

3．×　キャリアコンサルタントと人事部門との連携は必須であり、人事や企業トップの協力がなければ効果的に実施はできない。

4．○　発達障害を抱える学生の就労支援では、学生相談室や学内職員だけではなく、学外の専門機関との連携も重要である。

問47　スーパービジョンに関する次の記述のうち、**最も不適切なもの**はどれか。

（正解：３）

1．○　その通り。

2．○　その通り。指導者と指導を受ける立場が存在する。

3．×　相談者の利益につながるような必要な情報提供は行っていく。

4．○　その通り。

問48　キャリアコンサルタントとしての自己研鑽に関する次の記述のうち、**最も適切なもの**はどれか。

（正解：1）

1．○　その通り。

2．×　個々のキャリア理論やアプローチのしっかりとした理解の上で、全体感を理解し、多様で柔軟な視点を持つことが大切である。得意な理論にこだわる必要はない。

3．×　キャリアコンサルタントは専門家として、法律や社会変動や経済環境についての知識は必要である。そのため、学科試験でも法律などの問題が問われる。

4．×　心理学、精神医学、統計学、遺伝学など、幅広い学問分野を知ることは有用ではあるが、必要な場合に連携・リファーすればよいので、それぞれの分野の専門家と同等の知識の習得を目指す必要はない。

問49　キャリアコンサルタントの守秘義務に関する次の記述のうち、**最も適切なもの**はどれか。

（正解：4）

1．×　相談内容も含めて個人情報が特定されるものや、キャリアコンサルタントの立場で知り得るものは守秘義務の対象となる。

2．×　個人データを提供した年月日や氏名、その他本人を特定できる情報が契約書などの書面に記載されている場合は、データを第三者に提供したときから1年間保管の義務がある（個人情報保護法第29条2項、施行規則第21条1号）。

3．×　職業能力開発促進法第30条の27第2項「キャリアコンサルタントは、その業務に関して知り得た秘密を漏らし、又は盗用してはならない。キャリアコンサルタントでなくなった後においても、同様とする。」

4．○　その通り。選択肢3．と同じ。

問50　あるべきキャリアコンサルタント像に関する次の記述のうち、**最も適切なの**はどれか。

（正解：２）

１．×　自らの自己理解に努めることは重要であり、知識の習得と優劣を付けられるものではない。

２．○　自らの能力・態度等の課題に目を向け、「学び」「振り返り」を継続することは適切である。

３．×　自らの助言・指導等が大きな影響があり、個人的見解として伝えても、どのように受け取られるかは意識するべきである。

４．×　理論的根拠を学び、労働関連法規を理解して適切な関わりを心掛けることは適切である。

2 模擬問題②

模擬問題②は、本書で紹介した知識の習得度を確認するものです。見慣れない問題も多く、難しく感じるかもしれませんが、問題に取り組みながら、本書で学んだことについて理解を深めるとともに、知識の定着を図っていきましょう。

問1　コクラン（Cochran, L.）の理論に関する次の記述のうち、**最も適切なもの**はどれか。

1．外的キャリアがキャリアの中心的主題であることから、キャリアパスを明確化することの有効性を論じている。
2．1990年代においてキャリア分野へシステムズ・アプローチを導入した先駆者といわれている。
3．代表的な技法として、「ロールモデル」、「よくみた雑誌」、「お気に入りのストーリー」、「モットー」、「思い出せる最も昔の記憶」の5つに関するインタビューが知られている。
4．語り手自身が紡ぐ物語が人・機動力・機会・意味・場所・出来事といった要素を統合または構成する手段であると指摘している。

問2　サビカス（Savickas, M. L.）のキャリア理論に関する次の記述のうち、**最も不適切なもの**はどれか。

1．キャリア構築理論には3つの重要概念があり、職業的パーソナリティ、キャリア・アダプタビリティ、ライフテーマである。
2．ライフ・ストーリーの語りによって、人は自分自身のばらばらな過去に一貫したまとまりと連続性を見出すことで、新たな人生計画を持つことができるようになる。
3．キャリア構築理論は、キャリアの意思決定理論と社会的学習理論を統合したものである。
4．キャリア構築理論では、アセスメントを行う場合、心理検査などの客観的なデータよりも、主観的で質的な手法を重視する。

問3　サビカス（Savickas, M. L.）が提案しているキャリア構築インタビューに関する次の記述のうち、**最も不適切なもの**はどれか。

1．カウンセラーは、クライエントのお気に入りの格言、モットーを尋ねる。
2．カウンセラーは、クライエントのロールモデルを演じる。
3．カウンセラーは、クライエントのお気に入りの本、雑誌、映画などを尋ねる。
4．カウンセラーは、クライエントの思い出せる最も昔の記憶を尋ねる。

問4　質的アセスメントに関する次の記述のうち、**最も適切なもの**はどれか。

1．質的アセスメントでは、検査やテストを用いて個人を客観的指標で評価、診断することを目的としている。
2．質的アセスメントにより、相談者が自身の価値観やライフ・ストーリーを紡ぎ出すことを支援することができる。
3．質的なアセスメントが有力なツールとして認められるにつれ、現在では量的なアセスメントは使われなくなってきている。
4．質的アセスメントは21世紀になり開発されたものであり、キャリアコンサルティングにおいても全く新しい手法である。

問5　文化や社会に配慮したキャリア形成支援に関する次の記述のうち、**最も適切なもの**はどれか。

1．ゴットフレッドソン（Gottfredson, L. S.）は、「キャリアガイダンスの4つのイデオロギー」を提唱した。
2．ヒルトン（Hilton, T. L.）は、貧困・格差等によってキャリアが阻害されたマイノリティの文化を持つ人々に対する支援の重要性を主張した。
3．フアド（Fouad, N. A.）は、多文化カウンセリングでは、クライエントの文化を、カウンセラーがどのように捉えているかを客観視することが重要であると考えた。
4．スーパー（Super, D. E.）は、キャリアガイダンスには、社会に働きかけることで社会問題の解決を促す機能があることを強調した。

問6　ブルースティン（Blustein, D. L.）の社会正義論に関する次の記述のうち、**最も不適切なもの**はどれか。

1．ブルースティンはキャリア支援にとって最も重要な要因は「社会階層」だとした。
2．ブルースティンの研究『忘れられた半分の声：学校から職業への移行における社会階層の役割』は社会正義のキャリアカウンセリング論で多く引用されている。
3．社会階層は個人を取り巻くほかの諸条件同様に個人のキャリアに影響を与える。
4．上位階層と下位階層の若者に行ったインタビューから、社会階層によってキャリア意識等が全く異なることを見出した。

問７　キャリアコンサルタントや、キャリアコンサルティングの役割に関する次の記述のうち、**最も適切なもの**はどれか。

1．クライエントのアドボカシーは、企業領域のキャリアコンサルタントの役割には含まれない。
2．社会を構成する人々の価値観が様々であるため、一般の人々の意識を高めるようなことまでは、アドボカシーの活動の範囲には含まれない。
3．クライエントのアドボカシーは、相談者の権利擁護のために、個人に関わるだけでなく、組織や社会へ主体的に働きかけることも含まれる。
4．キャリアコンサルティングでは、自立（自律）を重視するので、クライエントのアドボカシーとはいえ、クライエント本人に代わって行動するような介入は控えるべきである。

問８　動機付けに関する次の記述のうち、**最も不適切なもの**はどれか。

1．アトキンソン（Atkinson, J. W.）の課題達成への動機付けは、成功を求めようとする成功接近傾向と、失敗を回避しようとする失敗回避傾向が合成されたものである。
2．マズロー（Maslow, A. H.）の欲求階層説では、人は低次から高次まで各段階を経て、５段階目の自己実現欲求に向かうと考えられている。
3．マレー（Murray, E. J.）によると、内発的に動機付けられた行動は、行動そのものが目的となっているために、強いエネルギーを持って行われる。
4．ハーズバーグ（Herzberg, F.）の動機付け・衛生理論には、仕事への動機付けを強める効果を持つ要因と、健康への効果を高める要因の２種類がある。

問９　動機付け理論に関する次の記述のうち、**最も適切なもの**はどれか。

1．ハーズバーグ（Herzberg, F.）の２要因説によると、職務満足や不満足を規定する要因には動機付け要因と衛生要因があり、職場における不満足を高めるのは衛生要因である。
2．アルダーファ（Alderfer, C. P.）の達成動機理論によると、職場の動機付けを高める社会的欲求とは、親和欲求、権力（支配）欲求、達成欲求である。
3．マクレランド（McClelland, D. C.）は、存在欲求、関係欲求、成長欲求の３次元からなるERGモデルを提唱。各欲求は連続的で、高次、低次の欲求が同時に生じることもあるとした。
4．マズロー（Maslow, A. H.）の欲求階層モデルによると、人間の欲求は、生存欲求、所属と愛の欲求、承認欲求、権力欲求、自己実現の欲求の５層から構成される。

問10　次に挙げる用語のうち、「伝統的な組織内キャリアとは対照的なもので、一つの企業や職務などを超えて展開するキャリアのこと」を表すものとして、**最も適切なもの**はどれか。

1．キャリア・オーナーシップ
2．セカンド・キャリア
3．バウンダリーレス・キャリア
4．パラレル・キャリア

問11　社会認知的キャリア理論（SCCT）に関する次の記述のうち、**最も適切なもの**はどれか。

1．SCCTでは、三者相互作用に、個人の興味、能力、価値観を加えてキャリア選択を説明する。
2．マクレランド（McClelland, D. C.）によって提唱されたキャリア選択に関する理論モデルのことである。
3．SCCTにおける三者相互作用の三者とは、「個人的要因」、「環境要因」、「行動」のことをいう。
4．SCCTは、「認知行動療法」の考え方がそのベースにある。

問12　リアリスティック・ジョブ・プレビュー（RJP）に関する次の記述のうち、**最も不適切なもの**はどれか。

1．RJPとは、企業が採用活動を行う際、応募者（求職者）に、仕事や組織について事前に情報開示を行うことを指す。
2．仕事や組織について、悪い面の情報を流すことは、応募者が減少することや、選考辞退を招くことにもなりかねないので、自社の魅力を重点的に伝えるべきである。
3．ジョン・ワナウス（Wanous, J. P.）によって提唱された。
4．RJPによって、採用活動におけるミスマッチの低減や採用者の定着を促すことができると考えられている。

問13　バルテス（Baltes, P. B.）の発達理論に関する次の記述のうち、**最も不適切なもの**はどれか。

1．発達には大きな可塑性（可変性）が認められると考えた。
2．一連のキャリア発達にはマキシサイクル、その各段階の移行期にはミニサイクルがあると考えた。
3．新生児から老年期までを視野に入れた生涯発達について研究を行った。
4．「生涯発達とは、常に成長と衰退が結び付いて起こる過程である」と主張した。

問14　「第11次職業能力開発基本計画」（厚生労働省、2021年）の「職業能力開発をめぐる経済・社会環境の変化と課題」に示された内容に関する次の記述のうち、**最も適切なもの**はどれか。

1．高齢化の進行を背景として、鉱業、建設業、販売・小売業の就業者の割合が増加する一方で、医療・福祉の就業者の割合が低下することが見込まれている。
2．販売従事者および事務従事者の就業者の割合が大きく低下する一方、専門的・技術的職業および生産工程従事者の就業者の高まりが見られる。
3．労働者の平均勤続年数を見ると、男女ともに短期化しており、職業人生を通じて能力を十分に発揮できるような環境を作っていくことが重要である。
4．自己啓発について、正規雇用労働者、正規雇用労働者以外ともに時間・費用による制約を問題としており、適切なコースや目指すべきキャリアがわからないとする者に対するキャリアコンサルティング等の支援が必要である。

問15　キャリア形成支援に関する次の記述のうち、**最も適切なもの**はどれか。

1．「成長戦略実行計画」（2021年）では、多様な働き方や新しい働き方を希望する者のニーズに応え、企業における兼業・副業の選択肢を提供する、と述べられている。
2．教育訓練給付金制度は、雇用する労働者のキャリア形成を効果的に促進するため、職務に関連した専門的な知識および技能を修得させるための職業訓練等を計画に沿って実施したり、教育訓練休暇制度を適用した事業主等に対して助成する制度である。
3．セルフ・キャリアドックは、企業・組織の視点から、従業員一人ひとりの能力を高め、企業の競争力強化を目的とした人材育成・支援を促進・実現する仕組みである。
4．「人づくり革命基本構想」（2018年）では、リカレント教育の推進と併せて、学んだことを自社で活かしていけるようなキャリアパス構築の必要性についても言及している。

問16　わが国の雇用や労働市場の状況についての調査・報告に関する次の記述のうち、**最も適切なもの**はどれか。

1．賃金構造基本統計調査は、主要産業について、産業ごとの平均賃金とその推移の実態を明らかにするものである。
2．雇用均等基本調査には、セクシュアルハラスメント防止対策や妊娠・出産・育児休業等に関するハラスメント防止対策に加えて、パワーハラスメント防止対策についての調査事項も含まれている。
3．労働力調査は、我が国における就業の状態を明らかにすることを目的に実施される調査である。
4．一般職業紹介状況（職業安定業務統計）は、官民の職業紹介事業者における求人、求職、就職の状況（新規学卒者を除く）を取りまとめ、求人倍率等の指標を作成することを目的に実施される調査である。

問17　「令和３年度 能力開発基本調査」（厚生労働省）に関する次の記述のうち、**最も適切なもの**はどれか。

1．５分の４以上の事業所で、能力開発や人材育成に関する問題があると考えられている。
2．正社員または正社員以外に対してキャリアコンサルティングを行う仕組みを導入している事業所は半数を超える。
3．キャリアコンサルティングを行った効果については、「労働者の仕事への意欲が高まった」が最も多い。
4．能力開発や人材育成に関して何らかの問題があるとする事業所のうち、問題点の内訳は、「人材育成を行う時間がない」が最も多い。

問18　「令和４年度 年次経済財政報告」（内閣府）で述べられたリカレント教育・リスキリングの促進に関する次の記述のうち、**最も不適切なもの**はどれか。

1．処遇改善や年収増加に結び付く学び直しは一部にとどまっている。
2．我が国の社会人学習は柔軟性に欠け、労働市場のニーズも満たしていないと考えられる。
3．博士課程等における社会人学生の割合は上昇傾向にある。
4．企業にとっても労働者にとっても時間・費用の負担が学び直しの課題となっている。

問19　「令和4年版 労働経済の分析」（厚生労働省、令和4年9月）に関する次の記述のうち、**最も適切なもの**はどれか。

1．キャリアチェンジ（職種間移動）を伴う転職はワークライフバランスを理由とする者が多い傾向がある。一方、能力活用、仕事内容への満足、賃金が高いといった積極的な理由でキャリアチェンジする場合も転職後の満足度は高くなりやすい。
2．職種間移動をする場合、仕事内容や自らの能力活用といった目的での転職を行っている場合や、自己啓発を行っている場合でも未経験職種となることから転職後の賃金は増加しにくい傾向がある。
3．転職を希望する者や、転職希望者でその後転職を実現する者の割合は、年齢とともにおおむね低下する傾向があり、また女性より男性でおおむね高い傾向がある。
4．自らの能力が社外でも通用すると考える者においては、企業内でキャリア相談を受けている者の割合が高い傾向があり、また、企業内でキャリアコンサルティングを受けた者は自己啓発への意識が高い者が多い傾向がある。

問20　統計法に基づく一般統計調査である「能力開発基本調査」に関する次の記述のうち、**最も不適切なもの**はどれか。

1．「能力開発基本調査」は、「企業調査」、「個人調査」で構成されている。
2．「能力開発基本調査」は、対象を正社員に限定されない調査である。
3．「能力開発基本調査」は、厚生労働省が実施している。
4．「能力開発基本調査」は、毎年実施されている。

問21　「キャリアコンサルタントの能力要件の見直し概要」（厚生労働省、2018年３月）で示された、「キャリアコンサルタントが担うべき役割の拡大・深化」に関する次の記述のうち、**最も適切なもの**はどれか。

1．小中学校などへの教育分野に対するキャリア教育・キャリア形成上への貢献。
2．代表的な精神的疾病の症状を理解した上での、疾病の可能性のある相談者の診断を行う。
3．職業生活設計に即した学び直しの具体の機会への結び付け、そのキャリア形成上の活用等のガイダンス。
4．企業の人材育成方針を踏まえた、企業内での効果的なキャリア支援の仕組み（健康経営や助成金等）の整備、担い手としての役割発揮。

問22　「令和４年 雇用保険法等の一部改正」における職業安定法改正部分に関する次の記述のうち、**最も不適切なもの**はどれか。

1．新たな形態の求人メディア（ネット上の公表情報を収集する求人メディア等）について「募集情報等提供」の定義に含めた。
2．募集情報等提供事業者について、個人情報の保護や秘密保持を義務付けた。
3．募集情報等提供事業者が、雇用情報の充実等に関し、ハローワーク等公的機関とは明確な分業を行うよう法的に位置付けた。
4．募集情報等提供事業者に対し、現行の助言・指導に加え、改善命令等の指導監督を可能とした。

問23　「産後パパ育休」（子の出生直後の時期における男性の育児休業の枠組み）に関する次の記述のうち、**最も不適切なもの**はどれか。

1．休業の申出期限は、原則休業の２週間前までとする。
2．育児休業について、２回まで分割取得が可能。
3．子の出生後８週間以内に４週間まで取得することができる。
4．本人の申出があれば、休業中も就業することが可能。

問24　育児・介護休業法に関する次の記述のうち、**最も適切なもの**はどれか。

1．育児休業を取得しやすい雇用環境整備および妊娠・出産の申出をした労働者に対する個別の周知・意向確認の措置を義務付けた。
2．育児休業について、分割して４回まで取得することを可能とした。
3．常時雇用する労働者数が300人超の事業主に対し、育児休業の取得の状況について公表を義務付ける。
4．有期雇用労働者の育児休業および介護休業の取得要件のうち「事業主に引き続き雇用された期間が１年以上である者」という要件を廃止し、除外はできず有期雇用労働者の全員を対象とすることとした。

問25　副業・兼業に係る労働関係法令に関する次の記述のうち、**最も適切なもの**はどれか。

1．労働基準法では「労働時間は、事業場を異にする場合においても、労働時間に関する規定の適用については通算する」と規定しているが、事業主を異にする場合は含まないこととされている。
2．副業・兼業は労働者の生活を支えるだけでなく、その能力向上にも役立つものであるという趣旨から、労働者には就業時間外の副業・兼業の自由は必ず認めなければならず、使用者が労働者の副業・兼業を禁止または制限を行うことは許されない。
3．令和２年３月に成立した改正雇用保険法では、２つの事業主に雇用される65歳以上の労働者について、一つひとつの事業の週所定労働時間が20時間未満であっても２つの適用事業での合計が20時間以上であれば、労働者の申し出によって雇用保険の被保険者とすることができるとされている。
4．令和２年９月施行の改正労働者災害補償保険法では、複数事業で兼業していた労働者が労働災害に被災した場合、従事する事業のうち賃金の高いほうをもとに労災保険給付を行う等の改正がなされた。

問26　「令和２年 労働者災害補償保険法の改正」に関する次の記述のうち、**最も適切なもの**はどれか。

1．複数事業で働いている人が労災認定された際の支給額は、災害が発生した勤務先の賃金額のみを基礎に給付額等を決定する。
2．負荷（労働時間やストレス等）の評価はそれぞれの勤務先ごとに負荷（労働時間やストレス等）を個別に評価して労災認定できるかどうかを判断する。
3．令和３年４月１日以降に、けがや病気になった労働者、亡くなった労働者の遺族が改正事項の対象となっている。
4．労働者だけでなく、特別加入者についても今回の制度改正の対象となっている。

問27　70歳までの就業機会確保措置に関する次の記述のうち、**最も不適切なもの**はどれか。

1．70歳までの継続雇用制度（再雇用制度・勤務延長制度）の導入の努力義務。
2．70歳まで継続的に業務委託契約を締結する制度の導入の努力義務。
3．65歳以上、70歳までの雇用を希望する労働者の積極的な雇用の努力義務。
4．70歳まで継続的に事業主が自ら実施する社会貢献事業に従事できる制度の導入の努力義務。

問28　女性の職業生活における活躍に関連する法律に関して、**最も不適切なもの**はどれか。

1．男女雇用機会均等法において、妊娠中および産後１年を経過しない女性を解雇する場合、理由が妊娠・出産等に基づかないことを使用者が証明できなければ、解雇は無効となることが定められている。
2．男女雇用機会均等法において、職場における妊娠・出産等に関するハラスメントが起こった際には適切に対応することが事業主に求められている。
3．育児・介護休業法では、２歳に達した時点で、保育所に入れない等の場合に再度申出することにより、育児休業期間を「最長３歳まで」延長できることが定められている。
4．育児・介護休業法では、育児や介護を行う労働者が子の看護休暇や介護休暇を柔軟に取得できるよう、時間単位で取得できることとされている。

問29　「令和元年　障害者雇用促進法の改正」に関する次の記述のうち、**最も不適切なもの**はどれか。

1．障害者の活躍の場の拡大に関する措置として、国および地方公共団体に、障害者雇用推進者・障害者職業生活相談員の選任の努力義務が定められた。
2．国および地方公共団体に、「障害者活躍推進計画」の作成・公表が義務付けられた。
3．短時間であれば就労可能な障害者等の雇用機会の確保のため、20時間未満の障害者を雇用する事業主に対する特例給付金を新設した。
4．障害者の雇用の促進等に関する取組みに関し、その実施状況が優良なものであること等の基準に適合する中小事業主（常用労働者300人以下）を認定する制度を新設した。

問30　働き方改革に関する次の記述のうち、**最も適切なもの**はどれか。

1．「働き方改革」は、組織が従業員の個々の事情に応じた多様で柔軟な働き方を指示することができるようにするための改革である。
2．働き方改革が求められる背景には、「少子高齢化に伴う生産年齢人口の減少」、「ニート・フリーターの増加」などがある。
3．平成30年１月、厚生労働省はモデル就業規則を改定し、労働者の遵守事項の「許可なく他の会社等の業務に従事しないこと」という規定を削除し、副業・兼業についての規定を新設した。
4．改正された労働時間等設定改善法が平成31年（2019年）４月に施行され、「勤務間インターバル」が事業主の義務として規定された。

問31　キャリア形成における教育、普及活動の進め方に関する次の記述のうち、**最も不適切なもの**はどれか。

1．キャリアコンサルティングを普及させるため、キャリアコンサルタントが職場に出向き経営者や管理者と対話し、キャリア形成に意識を促すことは重要な関わりである。
2．新入社員に入社前の面接の段階から希望職種や今後のキャリアについて聞くことは、キャリア意識の形成につながる。
3．キャリアコンサルティングの意義やキャリア面接の効果について、理解を深めるため、実際の社員とのキャリア相談の事例を用いて講演会や説明会を実施する。
4．部下とのキャリア面接の進め方や面接票の作り方がわからないという管理者に対しては、積極的に指導を行い、管理者自身にもキャリア形成の理解を広めていくことは重要である。

問32　キャリア形成およびキャリアコンサルティングに関する教育ならびに普及活動についての次の記述のうち、**適切なものの組み合わせ**はどれか。

A．生徒・学生を社会・職業に円滑に移行させることが重要であり、移行後は、長く関わり続けると問題が起こりやすくなるので、移行後は相談対応を行わない。
B．キャリア形成支援は、これからキャリアを積んでいく学生や若年層の社会人だけではなく、中高年齢者に対しても必要なものである。
C．職場の人間関係は、従業員が抱えるストレスに影響を与えるとされているため、福利厚生を充実させることが有効である。
D．キャリア自律とその支援を行う組織風土を社内に構築するためには、現場管理者の理解の促進こそが重要であるが、経営者のコミットメントも同じく重要である。

1．AとB
2．BとC
3．CとD
4．BとD

問33　キャリア形成およびキャリアコンサルティングの教育、普及活動に関する次の記述のうち、**最も不適切なもの**はどれか。

1．キャリア教育は、今後キャリアを積んでいく学生や若年層の社会人にとって有効であることはもちろん、人生100年時代を見据えて中高年齢者に対しても実施することは有効である。
2．キャリアコンサルティングを企業内で有効に活用していくためには、社内報にキャリア形成につながる情報を継続的に掲載するなど、社員全体の理解を深める啓発活動も有効である。
3．大学におけるキャリア教育は、キャリアセンターが学生の就職活動支援の一部として行うだけではなく、入学後から授業などを通して将来のキャリア形成に対する意識を高める必要がある。
4．障害者雇用で採用されている社員に対するキャリア教育は、プレッシャーにつながる恐れがあるので、積極的に行わないほうがよい。

問34　キャリアコンサルタントの環境への働きかけの認識と実践に関する次の記述のうち、**最も不適切なもの**はどれか。

1．職場体験やインターンシップなどの受入れ組織を確保するためには、キャリアコンサルタントは学校、企業、NPO、行政機関などの多様な組織と交流することも有効である。
2．キャリアコンサルタントは、面談中にクライエントから自殺を企てる恐れがある発言があった場合、命の危険性を感じることは守秘義務の例外にあたり、職場の上司や人事担当者には知らせることも必要である。
3．障害者雇用の経験の乏しい企業において、事業主や関連する部門に働きかけを行い、障害者が働きやすい雇用管理の方法、サポート体制の整備、採用にあたってのポイント等のノウハウ提供は、キャリアコンサルタントに望まれる活動の一つである。
4．職場のメンタルヘルス不調はマネジメントの問題や本人の仕事上の不安・不満が要因であることが多いため、キャリアコンサルタントは関わらず職場の責任者に任せることが重要である。

問35　環境への働きかけの認識および実践に関する次の記述のうち、**最も適切なもの**はどれか。

1．地域住民を対象としたキャリア相談会でのキャリアコンサルティングの実施報告の中で、行政に反映すべき包括的な地域の課題を見出したものの、キャリアコンサルティングの範疇ではないと判断し、そのままにしておいた。
2．キャリアコンサルティングの過程で、とある部署内でのハラスメントの問題が判明したため、キャリアコンサルタント自身の判断で、ハラスメント対策委員会に報告した。
3．社員相談室でのキャリアコンサルティングを通じて、過重労働が問題となっていたケースが多く見られたため、人事部長に全社的な残業問題の解決を提案した。
4．学生への進路相談において、学生から進路について両親との意見の食い違いが解決できないとの訴えがあったため、直接両親に連絡を取り、両親との面談を行った。

問36　環境への働きかけの認識および実践に関する次の記述のうち、**最も適切なもの**はどれか。

1．従業員向けキャリアコンサルティングを通じて、ハラスメントの問題が判明したため、個人情報を含む形で報告書を作成し経営層へ改善策を働きかけた。
2．大学で業界説明会を開催する際、学生の動向に合わせた話をしてもらうために、学生の同意を得ずに学生の個人名・学部・志望業界・部活の情報などを企業に提供した。
3．相談窓口としての対応の中で相談者が抱える共通の問題が把握できたため、問題を改善するための企画を作って職場に提案し、実施につなげた。
4．セルフ・キャリアドックを実施する中で、転職を希望する従業員が複数いることが判明したため、プライベートで有料の転職活動のセミナーを企画し、従業員に案内した。

問37　キャリアコンサルタントの環境への働きかけの認識と実践に関する次の記述のうち、**最も適切なもの**はどれか。

1．メンタルヘルスの不調を抱える従業員の相談を受けた場合には、キャリアコンサルタントが責任をもって最後まで相談に乗る。
2．企業内で働くキャリアコンサルタントは、過重労働への相談が増加している場合、経営層に対して環境改善の提言を行うことも重要である。
3．モラールサーベイ等で組織内の葛藤が認められる場合は、必ず職場の管理者と面談を行う。
4．キャリアコンサルタントの職務は、個別相談の実施であり、研修会、講演会などではコーディネーターに徹し、研修講師等については専門知識がないため絶対に引き受けてはいけない。

問38　キャリアコンサルティングとネットワークの関係に関する次の記述のうち、**最も適切なもの**はどれか。

1．キャリアコンサルタントは、他の専門家とのネットワークは守秘義務に抵触するため、キャリアコンサルタント同士のネットワークのみを活用することが望ましい。
2．キャリアコンサルタントは、企業や法人など働く人のキャリア形成支援が専門であるから、学校や医療機関など企業以外のネットワークは不必要である。
3．キャリアコンサルタントにとって最も重要なネットワークは、インターネットやSNSなどのICTである。
4．キャリアコンサルタントは、活動の幅を広げるために、自らの専門分野のみならず自らの専門分野以外でも人的なネットワークを構築しておくことが望ましい。

問39　企業領域で活動するキャリアコンサルタントに必要なネットワークに関する次の記述のうち、**最も不適切なもの**はどれか。

1．キャリアコンサルタントが従業員の教育訓練の推進に携わる際には、地方行政の生涯学習部門とのネットワークを活用することは効果的である。
2．企業内といえども、キャリアコンサルタントは相談者の秘密を守ることが最も重要な義務であり、情報保護の観点から、社内の様々な部門等との協働やネットワークを持つことは避けるべきである。
3．中小企業で働く相談者がメンタルヘルス不調と思われる場合には、社外の地域産業保健センターとのネットワークを活用して対応することが必要となる場合もある。
4．人事部門とのネットワークを構築し、メンタルヘルス不調による休職などが発生した際には情報共有し、必要に応じて行動できるようにしておくことも必要である。

問40　キャリアコンサルタントのネットワークの形成に関する次の記述のうち、**最も不適切なもの**はどれか。

1．キャリアコンサルタント自身の能力の範囲を超える支援についても、自身の能力開発を重視して、支援をやり遂げることが重要である。
2．キャリアコンサルタントは、医学的問題に関してリファーすることが中心であるが、ネットワーク作りに関しては、医学領域の専門家だけではなく産業医やメンタルヘルス関連の機関など様々な所とネットワークを作ることが大切である。
3．インターンシップや職業体験などを円滑にかつ継続的な取組みとして展開するには、学校、企業、地域の関係する諸機関との連携がキャリアコンサルタントにとって重要な役割である。
4．キャリアコンサルタントは、利害関係にある相談者と面談する場合は、相談者に不利益が生じないよう必要に応じ他のリファー先を紹介することも検討する必要がある。

問41　キャリアコンサルティングにおけるリファーに関する次の記述のうち、**最も適切なもの**はどれか。

1．リファー先は、精神科医等のキャリアコンサルタント以外の専門家に限定されない。
2．自分が担当するケースについて、より熟達した指導者から指導を受けることもリファーという。
3．複数の専門家がお互いを援助しあい、利用者（援助される側の人間）への新たなサービスを構成・提供することをリファーという。
4．リファーには、支援のために自分の専門外の知識が必要なときに、キャリアコンサルタント自身がその専門家に相談することも含まれる。

問42　キャリアコンサルタントの自己研鑽に関する次の記述のうち、**最も適切なもの**はどれか。

1．時間には限りがある中でも、キャリアコンサルタントは、自分の得意分野の知識の習得だけではなく、幅広く学習し相談者の利益につながるよう努めることが重要である。
2．キャリアコンサルタントは、自分の専門領域の中で人脈づくりをすれば十分である。
3．キャリアコンサルタントは、一定の力量があるからこそ資格を取得できるので、それ以上の研鑽は積まなくても特に問題はない。
4．キャリアコンサルタントは、人間としての姿勢が重要であるため、スーパービジョンを受けるよりも、実践経験を積むほうが重要である。

問43　キャリアコンサルタントの自己研鑽に関する次の記述のうち、**最も不適切なもの**はどれか。

1．自身のカウンセリングの進め方や対応について自信が持てない場合は、スーパービジョンを受講し、カウンセリング・プロセスを構成する能力を向上させることも有効である。
2．継続的なスーパービジョンを受ける機会は、自らの相談を定期的に振り返る機会となり、相談者にとって質の高い支援につながる。
3．自身のスキルや知識では援助できないケースが起きた場合には、新たな知識の習得の機会と考えて、何があっても最後まで引き受けることが重要である。
4．カウンセラー自身が成長するためには、他者からのフィードバックを受けることに加えて、自分の行為を主観的に振り返ることが望ましい。

問44　キャリアコンサルタントの自己研鑽に関する次の記述のうち、**最も適切なもの**はどれか。

1．相談場面において、相談者の発言や表情によって、キャリアコンサルタントが驚きや不安といった感情を自覚した場合は、未熟であることを自覚し、感情を抑え込むことを心がける。
2．キャリアコンサルタントは、特定のアプローチを深く学ぶことが重要であり、異なる理論や方法論を学ぶと混乱するので避けたほうがよい。
3．多種多様な理論とスキルを把握し、豊富な実践経験を持ち、共感に満ちた人物から指導を受けることは、キャリアコンサルタントとしての専門性を向上させるのに有用である。
4．キャリアコンサルタントは、高度な支援技術を習得することが重要であり、人間性などは求めなくてもよい。

問45　「キャリアコンサルタントの継続的な学びの促進に関する報告書」（厚生労働省、平成31年1月）に関する次の記述のうち、**最も適切なもの**はどれか。

1．キャリアコンサルタントは、全ての活動領域に共通する知識・スキルとともに、今後は2つ以上の専門領域に関する知識・スキルを身に付ける必要がある。
2．キャリアコンサルタントの助言・指導等がクライエントに与える影響を大きくないため、積極的に助言などを行うべきだということを忘れず面談に臨む必要がある。
3．キャリアコンサルティングにおいてクライエントを深く理解し的確な支援につなげていくためには、まずは自らの専門家としての姿と向き合い、自らの自己理解にも努めなければならない。
4．キャリアコンサルタントの指導的立場を担う者は、専門家としての学術性があれば十分であり、キャリアコンサルティングの科学的な発展に貢献し、それを実践に移すことのできる姿勢・マインドなどは求められていない。

問46　キャリア形成支援者としての姿勢に関する次の記述のうち、**最も適切なもの**はどれか。

1．相談者の自己理解を支援することが重要であり、自らの自己理解には気を配る必要はない。
2．自らの助言・指導の際の態度がクライエントへ与える影響は軽微であるため、十分に影響を与えられるように面談の進め方を工夫すべきである。
3．キャリアコンサルタントは自らの強みを活かして活動を進めていくものであり、あえて自らの能力・態度等の課題にまで目を向ける必要はない。
4．キャリアコンサルティング実施の前提として、自身の活動の基にある理論的根拠やキャリア形成・能力開発における意味付けなどを説明できる力が必要である。

問47　キャリアコンサルタントの姿勢に関する次の記述のうち、**最も適切なもの**はどれか。

1．相談者が求めるものは多様であり、また相談者自身が何を求めているのかを自覚していないこともあることを認識した上で、キャリアコンサルティングを行うのがよい。
2．相談者がどのような職業能力開発を望んでいるのか、どうしたらそれができるかを、キャリアコンサルタントが認識できるよう援助する。
3．キャリアコンサルタントは、相談者自らが職業生活設計を具体化すればよいので、助言力は不要である。
4．キャリアコンサルティングの成果の評価は相談者が行うべきであり、キャリアコンサルタント自身の自己評価は差し控えるべきである。

問48　キャリアコンサルタントの倫理に関する次の記述のうち、**最も適切なもの**はどれか。

1．クライエントの利益につながると思えば、個人的なパーティに相談中のクライエントを招待することは、多重関係に該当しない。
2．新しく学んでいる最中の技法も、クライエントに利益があると判断して用いる場合は、クライエントから了解を得る必要はない。
3．面接や心理検査や相談場面等を録音・撮影する場合、終了後に対象者の了解を得ればよい。
4．著作や発表会で事例を公表する際、対象者が特定されないようにしてあったとしても、クライエントの同意を得る必要がある。

問49　キャリアコンサルタントの倫理に関する次の記述のうち、**最も適切なもの**はどれか。

1．面接や心理査定・心理検査の記録は、面接が終了してから1か月経過したら破棄しても構わない。
2．相談と関係のない内容であれば、クライエントとキャリアコンサルタントとの間で、社交関係や商売上の関係、友情関係を結ぶことは特に問題ない。
3．相談者が未成年の場合、保護者に面接内容を教えることは問題ない。
4．相談者の安全を優先するために、職業上知り得た個人情報を第三者に伝える必要が生じることもある。

問50　相談においてキャリアコンサルタントが留意すべき次の記述のうち、**最も適切なもの**はどれか。

1．学会で事例を発表したいと考えた際に、相談者に発表の趣旨を伝え同意を得た上で、個人が特定できないように発表をした。
2．相談者から相談方針を教えてほしいと言われたが、答えることができないと拒否をした。
3．企業内の相談室に来た相談者に関して、人事担当者から、希望の仕事に異動させるために相談内容を開示してほしいと言われたため、相談者に有利に働くと感じたので同意を得ずに相談内容を開示した。
4．相談室の他のキャリアコンサルタントから、担当している相談の実施過程を後学のために教えてほしいと言われ、詳しく説明をした。

模擬問題② 正解表

問題No.	正解
問1	4
問2	3
問3	2
問4	2
問5	3
問6	3
問7	3
問8	4
問9	1
問10	3
問11	3
問12	2
問13	2
問14	4
問15	1
問16	2
問17	3
問18	4
問19	1
問20	1
問21	3
問22	3
問23	4
問24	1
問25	3

問題No.	正解
問26	4
問27	3
問28	3
問29	1
問30	3
問31	3
問32	4
問33	4
問34	4
問35	3
問36	3
問37	2
問38	4
問39	2
問40	1
問41	1
問42	1
問43	3
問44	3
問45	3
問46	4
問47	1
問48	4
問49	4
問50	1

模擬問題②　解答解説

問１　コクラン（Cochran, L.）の理論に関する次の記述のうち、**最も適切なもの**はどれか。

（正解：４）

１．×　意味付けがキャリアの中心的主題であることから、語りの有効性を論じている。

２．×　ナラティブ・アプローチを導入した先駆者といわれている。

３．×　サビカスのキャリア構築インタビューの質問である。

４．○　その通り。

問２　サビカス（Savickas, M. L.）のキャリア理論に関する次の記述のうち、**最も不適切なもの**はどれか。

（正解：３）

１．○　その通り。

２．○　その通り。

３．×　マッチング理論（特性因子理論）やスーパーのキャリア発達理論などを統合・発展させたものといわれている。

４．○　その通り。クライエントの語りを重視する。

問３　サビカス（Savickas, M. L.）が提案しているキャリア構築インタビューに関する次の記述のうち、**最も不適切なもの**はどれか。

（正解：２）

１．○　サビカスのキャリア構築インタビュー項目には、クライエントの「モットー」がある。

２．×　サビカスのキャリア構築インタビュー項目には、クライエントの「ロールモデル」はあるが、カウンセラーが演じることはない。

３．○　サビカスのキャリア構築インタビュー項目には、楽しみにしている雑誌、好きな本や映画がある。

４．○　サビカスのキャリア構築インタビュー項目には、「最初の記憶」がある。

問４ 質的アセスメントに関する次の記述のうち、**最も適切なもの**はどれか。

（正解：２）

1．× 量的アセスメントの説明。

2．○ その通り。

3．× 質的なアセスメントの有用性は認められているが、量的なキャリア・アセスメントも今でも活用されている。

4．× 質的アセスメントの中には、カードソート法やライフライン法など、これまでもキャリア支援の現場で活用されてきたものも多く、目新しいものではない。

問５ 文化や社会に配慮したキャリア形成支援に関する次の記述のうち、**最も適切なもの**はどれか。

（正解：３）

1．× ワッツ（Watts, A. G.）が提唱した。

2．× ブルースティン（Blustein, D.L.）が正しい。

3．○ その通り。

4．× ワッツ（Watts, A. G.）が正しい。

問６ ブルースティン（Blustein, D. L.）の社会正義論に関する次の記述のうち、**最も不適切なもの**はどれか。

（正解：３）

1．○ その通り。

2．○ その通り。

3．× 社会階層は「最も致命的・有害（pernicious）」な影響を与えるとしている。

4．○ その通り。

問７　キャリアコンサルタントや、キャリアコンサルティングの役割に関する次の記述のうち、**最も適切なもの**はどれか。

（正解：３）

１．×　企業領域のキャリアコンサルタントの役割にも含まれる。

２．×　「情報発信」など広く一般の人々の意識を高めるような活動もアドボカシーの活動に含まれている。

３．○　その通り。

４．×　相談者の自立（自律）は重視すべきだが、一方で、アドボカシーの活動の中には、クライエントに代わって行動することも含まれている。

問８　動機付けに関する次の記述のうち、**最も不適切なもの**はどれか。

（正解：４）

１．○　その通り。

２．○　その通り。

３．○　その通り。

４．×　ハーズバーグ（Herzberg, F.）の動機付け・衛生要因の「衛生要因」は、健康への効果を高める要因ではなく、仕事への意欲を維持するための要因である。

問9　動機付け理論に関する次の記述のうち、**最も適切なもの**はどれか。

（正解：1）

1．○　ハーズバーグは、職場において満足を与える要因（動機付け要因）と不満足を与える要因（衛生要因）があり、動機付け要因の充足は長期間の満足と動機付けをもたらすが、衛生要因の充足は十分に満たされれば不満を予防するが、満足はもたらさず仕事への積極性を高めることはできない、という2要因説を提唱した。

2．×　アルダーファではなく、マクレランド。マクレランドは達成動機理論を提唱し、社会的欲求は親和欲求、権力（支配）欲求、達成欲求の3つであるとした。

3．×　マクレランドではなくアルダーファ。マズローの欲求段階モデルを修正し、ERGモデルを提唱した。ERGモデルは、存在欲求（Existence）、関係欲求（Relatedness）、成長欲求（Growth）の3つの次元から構成。

4．×　マズローの欲求階層モデルは、下位から①生理的欲求、②安全の欲求、③所属と愛情の欲求、④自尊と承認の欲求、⑤自己実現の欲求の5層から構成され、上位の欲求は下位の欲求が充足されて初めて発生すると考えた。

問10　次に挙げる用語のうち、「伝統的な組織内キャリアとは対照的なもので、一つの企業や職務などを超えて展開するキャリアのこと」を表すものとして、**最も適切なもの**はどれか。

（正解：3）

1．×　個人が自分の「キャリア」に対して主体性を持って取り組む意識と行動（＝オーナーシップ）のことをいう。

2．×　セカンド・キャリアは定年退職後や出産育児後の第二の人生における職業のことをいう。

3．○　その通り。バウンダリーレス・キャリアは伝統的な組織内キャリアとは対照的なもので、一つの企業や職務といった境界（バウンダリー）を超えて展開するキャリアのこと。

4．×　本業を持ちながら副業を行い収入の有無を問わず活動を行うこと、複業とも呼ばれている。

問11　社会認知的キャリア理論（SCCT）に関する次の記述のうち、**最も適切なもの**はどれか。

（正解：３）

1．×　三者相互作用の３つの要素に「自己効力感」、「期待結果」、「目標設定」を追加した。

2．×　レント、ブラウン、ハケット（Lent, Brown & Hackett）が正しい。

3．○　その通り。

4．×　バンデューラ（Bandura, A）の「三者相互作用」の考え方がそのベースにある。

問12　リアリスティック・ジョブ・プレビュー（RJP）に関する次の記述のうち、**最も不適切なもの**はどれか。

（正解：２）

1．○　その通り。

2．×　良い面だけでなく、悪い面も含めたリアリスティックな情報開示が必要。

3．○　その通り。

4．○　その通り。

問13　バルテス（Baltes, P. B.）の発達理論に関する次の記述のうち、**最も不適切なもの**はどれか。

（正解：２）

1．○　その通り。

2．×　マキシサイクル、ミニサイクルはスーパー（Super, D. E.）。

3．○　その通り。

4．○　その通り。

問14　「第11次職業能力開発基本計画」（厚生労働省、2021年）の「職業能力開発をめぐる経済・社会環境の変化と課題」に示された内容に関する次の記述のうち、**最も適切なもの**はどれか。

（正解：4）

1．×　逆である。高齢化の進行を背景として、鉱業、建設業、販売・小売業の就業者の割合が低下する一方で、医療・福祉の就業者の割合が高まることが見込まれている。

2．×　事務従事者は増加、生産工程従事者は減少。

3．×　労働者の平均勤続年数を見ると、男女ともに長期化している。

4．○　その通り。

問15　キャリア形成支援に関する次の記述のうち、**最も適切なもの**はどれか。

（正解：1）

1．○　その通り。

2．×　人材開発支援助成金の説明。

3．×　セルフ・キャリアドックとは、企業・組織の視点に加えて、従業員一人ひとりが主体性を発揮し、キャリア開発を実践することを重視・尊重する人材育成・支援を促進・実現する仕組みのこと。企業の競争力強化そのものを目的にはしていない。

4．×　リカレント教育による職業能力の向上と、それによってキャリアアップ、キャリアチェンジが可能となる社会を作っていく必要性を指摘している。

問16　わが国の雇用や労働市場の状況についての調査・報告に関する次の記述のうち、**最も適切なもの**はどれか。

（正解：2）

1．×　主要産業に雇用される労働者について、その賃金の実態を労働者の雇用形態、就業形態、職種、性、年齢、学歴、勤続年数、経験年数別等に明らかにするものである。

2．○　その通り。

3．×　統計法に基づく基幹統計『労働力統計』を作成するための統計調査であり、我が国における就業および不就業の状態を明らかにするための基礎資料を得ることを目的としている。

4．×　公共職業安定所における求人、求職、就職の状況（新規学卒者を除く）をとりまとめ、求人倍率等の指標を作成することを目的としている。

問17　「令和3年度 能力開発基本調査」（厚生労働省）に関する次の記述のうち、**最も適切なものは**どれか。

（正解：3）

1．×　能力開発や人材育成に関して何らかの問題があるとする事業所は、76.4%となり、4分の3以上の事業所で、能力開発や人材育成に関する問題があるとしている。

2．×　正社員または正社員以外に対してキャリアコンサルティングを行う仕組みを導入している事業所は42.3%であり、半数を超えてはいない。

3．○　キャリアコンサルティングを行った効果については、「労働者の仕事への意欲が高まった」（正社員 50.0%、正社員以外 49.8%）、「自己啓発する労働者が増えた」（正社員 36.8%、正社員以外 30.0%）の割合が高くなっている。

4．×　能力開発や人材育成に関して何らかの問題があるとする事業所のうち、問題点の内訳は、「指導する人材が不足している」（60.5%）が最も高く、「人材育成を行う時間がない」（48.2%）、「人材を育成しても辞めてしまう」（44.0%）と続いている。

問18　「令和４年度 年次経済財政報告」（内閣府）で述べられたリカレント教育・リスキリングの促進に関する次の記述のうち、**最も不適切なもの**はどれか。

（正解：４）

１．○　その通り。学び直しが、処遇改善や年収増加につながっていくことが期待される。

２．○　その通り。

３．○　その通り。

４．×　企業は指導する人材や時間の不足、労働者は時間・費用負担等が学び直しの課題となっている。

問19　「令和４年版 労働経済の分析」（厚生労働省、令和４年９月）に関する次の記述のうち、**最も適切なもの**はどれか。

（正解：１）

１．○　その通り。

２．×　職種間移動をする場合、仕事内容や自らの能力活用といった目的で転職を行っている場合、自己啓発を行っている場合は転職後の賃金が増加しやすい傾向がある。

３．×　男性と女性が逆。正しくは、「転職を希望する者や、転職希望者でその後転職を実現する者の割合は、年齢とともにおおむね低下する傾向があり、また男性より女性でおおむね高い傾向がある。」である。

４．×　キャリア相談を受けたのは、企業「内」ではなく企業「外」。正しくは、「自らの能力が社外でも通用すると考える者においては、企業外でキャリア相談を受けている者の割合が高い傾向があり、また、企業外でキャリアコンサルティングを受けた者は自己啓発への意識が高い者が多い傾向がある。」である。

問20　統計法に基づく一般統計調査である「能力開発基本調査」に関する次の記述のうち、**最も不適切なもの**はどれか。

（正解：1）

1．×　「企業調査」、「事業所調査」、「個人調査」の3つで構成。
2．○　その通り。非正規の情報も掲載されている。
3．○　その通り。
4．○　能力開発基本調査は毎年。なお、「5年に1度」は職業能力開発基本計画。

問21　「キャリアコンサルタントの能力要件の見直し概要」（厚生労働省、2018年3月）で示された、「キャリアコンサルタントが担うべき役割の拡大・深化」に関する次の記述のうち、**最も適切なもの**はどれか。

（正解：3）

1．×　教育分野への支援は重要であるが、能力要件の見直しには含まれていない。
2．×　精神的疾患の診断は扱わずリファーを行う。
3．○　その通り。
4．×　企業内での効果的なキャリア支援の仕組みとして、セルフ・キャリアドック等が挙げられているが、健康経営や助成金などは挙げられていない。

問22　「令和4年 雇用保険法等の一部改正」における職業安定法改正部分に関する次の記述のうち、**最も不適切なもの**はどれか。

（正解：3）

1．○　その通り。
2．○　その通り。
3．×　募集情報等提供事業者を、雇用情報の充実等に関し、ハローワーク等と相互に協力するよう努める主体として法的に位置付ける。
4．○　その通り。

問23　「産後パパ育休」（子の出生直後の時期における男性の育児休業の枠組み）に関する次の記述のうち、**最も不適切なもの**はどれか。

（正解：４）

1．○　その通り。
2．○　その通り。
3．○　その通り。
4．×　労使協定を締結している場合に、労働者と事業主の個別合意により、事前に調整した上で休業中に就業することが可能。

問24　育児・介護休業法に関する次の記述のうち、**最も適切なもの**はどれか。

（正解：１）

1．○　その通り。
2．×　令和４年10月から２回の分割取得が可能になった。４回は誤り。
3．×　常時雇用する労働者数が1,000人超の事業主に対し、育児休業の取得の状況について公表を義務付ける。「300人」が間違い。
4．×　「事業主に引き続き雇用された期間が１年以上である者」という要件を廃止するが、労使協定を締結した場合には、無期雇用労働者と同様に、事業主に引き続き雇用された期間が１年未満である労働者を対象から除外することを可能とする。

問25　副業・兼業に係る労働関係法令に関する次の記述のうち、**最も適切なもの**はどれか。

（正解：３）

1．×　事業主を異にする場合も含まれる（労働基準法第38条第１項）。また、「事業場を異にする場合」には、事業主を異にする場合をも含むとされている（昭和23年５月14日付基発第769号通達）。

2．×　副業・兼業に関する裁判例では、労働者が労働時間以外の時間をどのように利用するかは、基本的には労働者の自由であり、各企業においてそれを制限することが許されるのは、例えば、① 労務提供上の支障がある場合、② 業務上の秘密が漏洩する場合、③ 競業により自社の利益が害される場合、④ 自社の名誉や信用を損なう行為や信頼関係を破壊する行為がある場合、に該当する場合と解されている。上記に該当する場合は、副業・兼業の禁止、制限がなされうると考えられる。

3．○　雇用保険マルチジョブホルダー制度。

4．×　賃金の高いほうではなく、全ての勤務先の賃金合算分をもとに労災保険給付を行う。

問26　「令和２年 労働者災害補償保険法の改正」に関する次の記述のうち、**最も適切なもの**はどれか。

（正解：４）

1．×　従来の制度。新たに複数事業で働いている人が労災認定された際の支給金額が全ての金額を合算した額を基礎に給付額等が決定される。

2．×　それぞれの勤務先ごとに負荷（労働時間やストレス等）を個別に評価して労災認定できない場合は、全ての勤務先の負荷を総合的に評価して労災認定できるかどうかを判断する。

3．×　令和２年９月１日以降に、けがや病気をした労働者、亡くなった労働者の遺族が改正事項の対象となっている。

4．○　その通り。

問27　70歳までの就業機会確保措置に関する次の記述のうち、**最も不適切なもの**はどれか。

（正解：3）

1．○　その通り。

2．○　その通り。

3．×　特にこのような定めはない。

4．○　その通り。

問28　女性の職業生活における活躍に関連する法律に関して、**最も不適切なもの**はどれか。

（正解：3）

1．○　男女雇用機会均等法第9条にて「妊娠・出産等を理由とする不利益取扱いの禁止」として定められている。

2．○　男女雇用機会均等法第11条の3にて「妊娠・出産等に関するハラスメント対策」として定められている。
「事業主は、職場において行われるその雇用する女性労働者に対する当該女性労働者が妊娠したこと、出産したこと、労働基準法第65条第1項の規定による休業を請求し、又は同項若しくは同条第2項の規定による休業をしたことその他の妊娠又は出産に関する事由であって厚生労働省令で定めるものに関する言動により当該女性労働者の就業環境が害されることのないよう、当該女性労働者からの相談に応じ、適切に対応するために必要な体制の整備その他の雇用管理上必要な措置を講じなければならない。」

3．×　育児・介護休業法第5条にて、1歳6か月に達した時点で、保育所に入れない等の場合に再度申出することにより、育児休業期間を「最長2歳まで」延長できることが定められている。

4．○　育児や介護を行う労働者は子の看護休暇や介護休暇を時間単位で取得できることとされている（育児・介護休業法第16条の2、第16条の5）。

問29 「令和元年　障害者雇用促進法の改正」に関する次の記述のうち、**最も不適切なもの**はどれか。

（正解：１）
1．×　努力義務ではなく義務となった。
2．○　その通り。
3．○　その通り。
4．○　その通り。

問30 働き方改革に関する次の記述のうち、**最も適切なもの**はどれか。

（正解：３）
1．×　「働き方改革」は、働く方々が、個々の事情に応じた多様で柔軟な働き方を、自分で「選択」できるようにするための改革である。
2．×　「ニート・フリーター」に関しては働き方改革関連法に盛り込まれてはいない。「育児や介護との両立など、働く人のニーズの多様化」などがある。
3．○　平成30年１月、厚生労働省はモデル就業規則を改定し、労働者の遵守事項の「許可なく他の会社等の業務に従事しないこと」という規定を削除し、副業・兼業についての規定を新設した。
4．×　「勤務間インターバル」は事業主の「努力義務」。

問31 キャリア形成における教育、普及活動の進め方に関する次の記述のうち、**最も不適切なもの**はどれか。

（正解：３）
1．○　その通り。
2．○　その通り。
3．×　守秘義務違反のため、問題である。
4．○　その通り。

問32　キャリア形成およびキャリアコンサルティングに関する教育ならびに普及活動についての次の記述のうち、**適切なものの組み合わせ**はどれか。

（正解：４）（BとD）

A．×　生徒・学生を社会・職業に円滑に移行させるとともに、移行後も、必要に応じて支援を継続していくこともありうる。

B．○　キャリア形成は生涯にわたって行われるものであり、そのための支援も学生・若年だけでなくそれ以降にも必要とされる。

C．×　職場の人間関係は、従業員が抱えるストレスに影響を与えるとされているため、職場の人間関係への配慮は必要である。ただし、そのための施策が福利厚生を充実させることとは限らない。

D．○　その通り。セルフ・キャリアドックでも経営者のコミットメントを必要とする。

問33　キャリア形成およびキャリアコンサルティングの教育、普及活動に関する次の記述のうち、**最も不適切なもの**はどれか。

（正解：４）

1．○　その通り。

2．○　その通り。

3．○　その通り。１年次生からキャリア教育の授業を受けられる大学も増えてきている。

4．×　障害者雇用であっても、長期的なキャリア形成の視点は重要であり、個別性を踏まえて柔軟に支援することが望ましい。

問34　キャリアコンサルタントの環境への働きかけの認識と実践に関する次の記述のうち、**最も不適切なもの**はどれか。

（正解：４）
1．○　その通り。
2．○　その通り。命の危険性があれば、守秘義務の例外事項となる。
3．○　その通り。
4．×　職場のメンタルヘルス不調はマネジメントの問題や本人の仕事上の不安・不満の要因であることが多いといわれており、キャリアコンサルタントが職場の責任者に働きかけることで、メンタルヘルス不調につながるような職場風土の改善が期待できる。キャリアコンサルタントは積極的に関わる。

問35　環境への働きかけの認識および実践に関する次の記述のうち、**最も適切なもの**はどれか。

（正解：３）
1．×　キャリア相談会でのキャリアコンサルティングの実施報告であるので、キャリアコンサルティングの範疇であり、実施報告の中での課題提示などの対応が求められている。
2．×　原則的に相談者の同意が必要。「キャリアコンサルタント自身の判断で」が誤り。
3．○　適切である。
4．×　相談者に無断で両親に直接連絡を取ることは不適切。

問36　環境への働きかけの認識および実践に関する次の記述のうち、**最も適切なもの**はどれか。

（正解：３）

１．×　個人情報を含む形が問題である。

２．×　学生に同意を得ずに個人情報を提供していることが問題である。

３．○　個人情報に配慮した上で、キャリアコンサルタントとして相談者に共通する問題を把握し、解決するための行動をすることは相応しい。

４．×　倫理綱領第10条２項（多重関係）、第11条２項（利益相反）、などに反していると考えられ、問題である。

問37　キャリアコンサルタントの環境への働きかけの認識と実践に関する次の記述のうち、**最も適切なもの**はどれか。

（正解：２）

１．×　メンタルヘルスの不調を抱える従業員の相談を受けた場合には、リファーする。キャリアコンサルタントだけで支援を行おうとしてはいけない。

２．○　企業内で働くキャリアコンサルタントは、過重労働への相談が増加している場合、経営層に対して環境改善の提言を行うことも重要である。

３．×　モラールサーベイとは勤労調査、意見調査のこと。従業員が自分の仕事、同僚、待遇などにどんな感情・認識を持っているかを面接や質問形式で調べる。そこで組織内の葛藤が認められる場合にも、守秘義務の観点から、報告の際には本人の同意が必要。「必ず職場の管理者と面談を行う」が間違い。

４．×　キャリアコンサルタントの主な職務は、個別相談の実施であるが、研修会、講演会などでは研修講師等についても行うことはある。実務を行う能力と知識があれば、リファーの必要はない。また、その場面でのキャリア形成支援もキャリアコンサルタントの重要な役割である。

問38　キャリアコンサルティングとネットワークの関係に関する次の記述のうち、**最も適切なもの**はどれか。

（正解：4）

1．×　他の専門家とネットワークを構築することは重要であり、守秘義務に配慮しながら連携をとる。コラボレーションやリファーなどでネットワークは重要である。

2．×　学校や医療機関などのネットワークも重要である（例：メンタルヘルス不調が疑われる場合には病院にリファーなど）。

3．×　キャリアコンサルタントにとって最も重要なネットワークは、他の専門家など、人や組織とのネットワークであり、インターネットのツールも必要なものの一つではあるが、最重要のネットワークではない。

4．○　その通り。

問39　企業領域で活動するキャリアコンサルタントに必要なネットワークに関する次の記述のうち、**最も不適切なもの**はどれか。

（正解：2）

1．○　教育訓練の推進の際、地方行政の生涯学習部門等とのネットワークの活用も必要である。

2．×　個人情報保護への留意や守秘義務の徹底をした上で、社内の様々な部門等との協働やネットワークは必要である。

3．○　メンタルヘルス不調と思われる相談者の場合には、社外の医療機関等の資源を活用して対応することが必要な場合がある。

4．○　メンタルヘルス不調による休職が発生した際には、すぐに行動が必要な訳ではないが、復職時のフォローや所属部署内のメンタルヘルス対策などで行動する可能性もあるため、情報共有する体制づくりは必要である。

問40　キャリアコンサルタントのネットワークの形成に関する次の記述のうち、**最も不適切なもの**はどれか。

（正解：1）

1．×　キャリアコンサルタント自身の能力の範囲を超える支援については、適切なサービスを提供する専門機関や専門家を選択して紹介・あっせんする。

2．○　その通り。

3．○　その通り。

4．○　その通り。多重関係にならないよう注意をする必要がある。

問41　キャリアコンサルティングにおけるリファーに関する次の記述のうち、**最も適切なもの**はどれか。

（正解：1）

1．○　その通り。リファー先は、精神科医等のキャリアコンサルタント以外に限らず、専門性を有するキャリアコンサルタントが対象となることもある。

2．×　より熟達した指導者から指導を受けることはスーパービジョンという。

3．×　コラボレーションの説明。

4．×　コンサルテーション（照会）の説明。

問42　キャリアコンサルタントの自己研鑽に関する次の記述のうち、**最も適切なもの**はどれか。

（正解：1）

1．○　その通り。

2．×　キャリアコンサルタントは、自分の専門領域を超えた人脈づくりに努力することも必要である。

3．×　キャリアコンサルタントは資格取得後も知識を深めるなどの自己研鑽が必要。

4．×　実践経験を積むことも重要であるが、専門家としてスーパービジョンを受け、研鑽を行うことは非常に重要である。

問43　キャリアコンサルタントの自己研鑽に関する次の記述のうち、**最も不適切なもの**はどれか。

（正解：３）

1．○　カウンセリング・プロセスを構成する能力を向上させることは適切である。

2．○　継続的な振り返りは質の高い相談につながりやすい。

3．×　自らのスキルや知識で援助できない場合には、リファーなどを行い、知識や技術の習得は相談とは別個に行う。「何があっても最後まで引き受ける」が誤り。

4．○　その通り。他者からのフィードバックはスーパービジョンなどであり、主観的に振り返るのは逐語記録による振り返りなど。両方の振り返りが成長につながる。

問44　キャリアコンサルタントの自己研鑽に関する次の記述のうち、**最も適切なもの**はどれか。

（正解：３）

1．×　相談場面において、相談者の発言や表情によって、キャリアコンサルタントが驚きや不安といった感情を自覚した場合は、自己の反応をオープンに受け止めた上で、冷静に対処する必要がある。

2．×　キャリアコンサルタントは、特定のアプローチを深く学ぶだけではなく、異なる理論や方法論をそれと比較検討しながら理解を深めることが求められる。

3．○　多種多様な理論とスキルを把握し、豊富な実践経験を持ち、共感に満ちた人物から指導を受けることは、キャリアコンサルタントとしての専門性を向上させるのに有用。

4．×　キャリアコンサルタントは、いかに高度な支援技術を習得しても、人間性が備わっていなければ、スキルは活きてこない。

問45　「キャリアコンサルタントの継続的な学びの促進に関する報告書」(厚生労働省、平成31年1月）に関する次の記述のうち、**最も適切なもの**はどれか。

（正解：3）

1．×　報告書本文P3(1)あるべきキャリアコンサルタント像、5段落目。「すべての活動領域で共通的に求められる一定の能力水準を確保した上で、それぞれの専門領域や現場のニーズに常に意識を向け、それぞれの場で「役に立つ」観点から活動の焦点を明確化の上、これに応じた高い知識・スキルを身に付けるよう努めるべきである。」

2．×　自らの助言・指導等がクライエントに大きな影響を及ぼしうるということを常に心に留め、また、一つひとつの面談が極めて個別性の高いものであることを自覚して、面談に臨む必要がある。

3．○　報告書本文P3(1)あるべきキャリアコンサルタント像、3段落目。

4．×　報告書本文P3(1)あるべきキャリアコンサルタント像、4段落目。「指導的立場を担っていく者は、専門家としての学術性、指導者としての人間性も兼ね備え、キャリアコンサルティングの科学的な発展に貢献し、それを実践に移すことのできる姿勢・マインドも求められる。」が正しい。

問46　キャリア形成支援者としての姿勢に関する次の記述のうち、**最も適切なもの**はどれか。

（正解：4）

1．×　自らの自己理解にも努めなければならない。

2．×　自らの助言・指導の際の態度がクライエントへ与える影響は小さくない。その点を十分に考慮して面談をするのがよい。

3．×　常に自らの能力・態度等の課題にも目を向け、その解決に取り組むべく「学び」を継続していかなければならない。

4．○　その通り。

問47　キャリアコンサルタントの姿勢に関する次の記述のうち、**最も適切なもの**はどれか。

（正解：１）

１．○　支援の基本姿勢から適切である。

２．×　キャリアコンサルタントではなく、相談者自らが認識できるよう援助する。

３．×　意思決定の支援や方策の実行の支援等を行う際に、自ら職業生活設計を構築できない場合には、仕事情報や業界動向の情報提供などの助言が必要である。キャリアコンサルタントは、相談者の職業生活設計を具体化するための助言力を持つことは基本的姿勢として必要である。

４．×　キャリアコンサルティングの成果の評価は、両者で行う。「クライエントとカウンセラーが、目標に照らしてどこまで到達したか、成果を評価する。」

問48　キャリアコンサルタントの倫理に関する次の記述のうち、**最も適切なもの**はどれか。

（正解：４）

１．×　多重関係に該当するため不適切。

２．×　しっかりと習得した技法を使用することが前提ではあるが、現在学んでいる最中のものであれば、特にクライエントの了解を得る必要がある。

３．×　録音・撮影の前に承諾を得る必要がある。

４．○　その通り。

問49　キャリアコンサルタントの倫理に関する次の記述のうち、**最も適切なもの**はどれか。

（正解：４）

１．×　保管する義務がある。

２．×　二重（多重）関係に該当し、問題がある。

３．×　守秘義務違反となる。

４．○　その通り。

問50　相談においてキャリアコンサルタントが留意すべき次の記述のうち、**最も適切なもの**はどれか。

（正解：1）

1．○　その通り。

2．×　キャリアコンサルタント倫理綱領　第7条（説明責任）に反する。

3．×　キャリアコンサルタント倫理綱領　第5条（守秘義務）に反する。

4．×　キャリアコンサルタント倫理綱領　第5条（守秘義務）に反する。

模擬解答用紙

日付		氏名	

良い例：

悪い例：

問1	①	②	③	④	問26	①	②	③	④
問2	①	②	③	④	問27	①	②	③	④
問3	①	②	③	④	問28	①	②	③	④
問4	①	②	③	④	問29	①	②	③	④
問5	①	②	③	④	問30	①	②	③	④
問6	①	②	③	④	問31	①	②	③	④
問7	①	②	③	④	問32	①	②	③	④
問8	①	②	③	④	問33	①	②	③	④
問9	①	②	③	④	問34	①	②	③	④
問10	①	②	③	④	問35	①	②	③	④
問11	①	②	③	④	問36	①	②	③	④
問12	①	②	③	④	問37	①	②	③	④
問13	①	②	③	④	問38	①	②	③	④
問14	①	②	③	④	問39	①	②	③	④
問15	①	②	③	④	問40	①	②	③	④
問16	①	②	③	④	問41	①	②	③	④
問17	①	②	③	④	問42	①	②	③	④
問18	①	②	③	④	問43	①	②	③	④
問19	①	②	③	④	問44	①	②	③	④
問20	①	②	③	④	問45	①	②	③	④
問21	①	②	③	④	問46	①	②	③	④
問22	①	②	③	④	問47	①	②	③	④
問23	①	②	③	④	問48	①	②	③	④
問24	①	②	③	④	問49	①	②	③	④
問25	①	②	③	④	問50	①	②	③	④

※PDFのダウンロード方法は、本書143ページをご覧ください。

成績	得　点	/100点
	得点率	%

〔著者略歴〕

津田《つだ》 裕子《ひろこ》

キャリコンシーオー　主宰／株式会社リバース　取締役

大阪府出身。大学卒業後は一般企業にて一般事務や経理、総務、人事を経て、採用担当として面接官を経験。その後、職業訓練校での講師経験を機に2014年からキャリアコンサルティング分野への造詣を深める。2016年にはキャリアコンサルティング技能士２級に合格。同年から国家資格化されたキャリアコンサルタントとして登録した。
現在はキャリアコンサルタント事業を展開する「キャリコンシーオー」にて合格講座を運営。学生への就職サポート、企業内や企業外のキャリアコンサルティングなども行い、これまでに１万件を超える相談実績がある。また、厚生労働大臣指定のキャリアコンサルタント養成講習、更新講習も開講、運営している。

・２級キャリアコンサルティング技能士（国家資格）
・国家資格キャリアコンサルタント
・中学校教諭第一種免許 社会科
・高等学校教諭第一種免許 地理歴史科
・高等学校教諭第一種免許 公民科
・GCS プロフェッショナル認定コーチ
・NPO 法人 国際メンターシップ協会認定アソシエートメンター
・JNEC ネイリスト技能検定１級
・JNA ジェルネイル技能検定 上級

〔執筆協力〕

奥田《おくだ》 裕子《ひろこ》

人事・組織開発のコンサルタントとして数多くの企業の従業員の方たちとかかわる中で、個々人へのキャリア形成支援の必要性を強く実感し、キャリアコンサルティングの世界に関心を寄せるようになる。その後、主に公共の就労支援機関や需給調整機関、職業訓練学校でのキャリアコンサルティングやセミナー講師業務などに従事するとともに、一般のビジネスパーソンに向けたキャリアコンサルティングやコーチングを行う。また、近年ではキャリアコンサルタントの有資格者や資格取得を目指す方たちへのスキルアップや資格取得の支援にも積極的に取り組んでいる。

- １級キャリアコンサルティング技能士（国家資格）
- ２級キャリアコンサルティング技能士（国家資格）
- 国家資格キャリアコンサルタント
- 産業カウンセラー

２級キャリアコンサルティング技能士
学科試験にサクッと合格する本

令和５年９月１日　初版発行

検印省略

著　者　津　田　裕　子
発行者　青　木　鉱　太
編集者　岩　倉　春　光
印刷所　丸　井　工　文　社
製本所　国　　宝　　社

日本法令®

〒101−0032
東京都千代田区岩本町１丁目２番19号
https://www.horei.co.jp/

（営　業）TEL　03-6858-6967　　Eメール　syuppan@horei.co.jp
（通　販）TEL　03-6858-6966　　Eメール　book.order@horei.co.jp
（編　集）FAX　03-6858-6957　　Eメール　tankoubon@horei.co.jp

（オンラインショップ）https://www.horei.co.jp/iec/
（お詫びと訂正）https://www.horei.co.jp/book/owabi.shtml
（書籍の追加情報）https://www.horei.co.jp/book/osirasebook.shtml

※万一、本書の内容に誤記等が判明した場合には、上記「お詫びと訂正」に最新情報を掲載しております。ホームページに掲載されていない内容につきましては、FAXまたはEメールで編集までお問合せください。

ISBN 978-4-539-72988-5

関連書籍のご案内

２級キャリアコンサルティング技能士
実技試験（論述・面接）にサクッと合格する本

合格の鍵は
「実技試験」
にアリ！

津田裕子 著、**奥田裕子** 執筆協力　　A5 判　304 頁　定価 3,190 円（税込）

お求めは、お近くの大型書店または Web 書店、もしくは弊社通信販売係へ。
TEL：03-6858-6966　FAX：03-3862-5045　e-mail：book.order@horei.co.jp